CATALOGUE

D'ESTAMPES ANCIENNES

PAR DES GRAVEURS DE TOUTES LES ÉCOLES

DE

DESSINS

DE DIVERS MAÎTRES

DE

GRANDS LIVRES A FIGURES

RECUEILS D'ESTAMPES, ŒUVRES DE MAÎTRES
ET SUR L'ARCHITECTURE, L'ORNEMENT, LA PEINTURE, LA SCULPTURE,
LES VOYAGES EN DIVERS PAYS, SUR L'HISTOIRE,
SCIENCES ET ARTS, ETC., ETC.

Provenant de la Collection de M. P. D.

SEPTIÈME PARTIE

dont la vente aux enchères publiques aura lieu

HOTEL DES VENTES MOBILIÈRES

Rue Drouot, n° 5

SALLE N° 3, AU 1er

Les Lundi 23, Mardi 24, Mercredi 25 Avril 1860.

A 1 HEURE

Par le ministère de Me **DELBERGUE-CORMONT**, Cre-Priseur,
rue de Provence, 8,

Assisté de M. **CLÉMENT**, marchand d'Estampes de la Bibliothèque
impériale, rue des Saints-Pères, 3,

Chez lesquels se distribue le présent Catalogue.

EXPOSITION PUBLIQUE

Le Dimanche 22 Avril 1860, de une heure à cinq heures

—

1860

CATALOGUE
D'ESTAMPES ANCIENNES

PAR DES GRAVEURS DE TOUTES LES ÉCOLES

DE

DESSINS

DE DIVERS MAÎTRES

DE

GRANDS LIVRES A FIGURES

RECUEILS D'ESTAMPES, ŒUVRES DE MAÎTRES
ET SUR L'ARCHITECTURE, L'ORNEMENT, LA PEINTURE, LA SCULPTURE,
LES VOYAGES EN DIVERS PAYS, SUR L'HISTOIRE,
SCIENCES ET ARTS, ETC., ETC.

Provenant de la Collection de M. P. D.

SEPTIÈME PARTIE

dont la vente aux enchères publiques aura lieu

HOTEL DES VENTES MOBILIÈRES

Rue Drouot, n° 5

SALLE N° 3, AU 1ᵉʳ

Les Lundi 23, Mardi 24, Mercredi 25 Avril 1860.

A 1 HEURE

Par le ministère de Mᵉ **DELBERGUE-CORMONT**, Cᵐᵉ-Priseur,
rue de Provence, 8,

Assisté de M. **CLÉMENT**, marchand d'Estampes de la Bibliothèque
impériale, rue des Saints-Pères, 3,

Chez lesquels se distribue le présent Catalogue.

EXPOSITION PUBLIQUE

Le Dimanche 22 Avril 1860, de une heure à cinq heures

1860

ORDRE DES VACATIONS.

1re VACATION. — *Le Lundi 23 Avril.*

Estampes....................................	No — 1 à 170
Livres à Figures........................	336 — 440

2me VACATION. — *Le Mardi 24 Avril.*

Estampes....................................	171 — 278
Livres à Figures........................	441 — 564

3me VACATION. — *Le Mercredi 25 Avril.*

Estampes....................................	565 — 730
Dessins....................................	279 — 335

CONDITIONS DE LA VENTE.

Elle sera faite au comptant.

Les acquéreurs paieront, en sus des adjudications, 5 pour 100, applicables aux frais.

DÉSIGNATION

DES ESTAMPES

---

1 **Anonyme**. Saint Jérôme, par un vieux maître italien. Cabinet de M. Robert Dumesnil.
— Saint Jérôme, par un vieux maître, dans le goût de Baldini.

2 — Henri Chesneau priant saint Luc de peindre le couronnement de la Vierge. Gravé dans le goût de Mellan. Rare.

3 — Portrait de profil de Michel-Ange, à l'âge de 71 ans. Rare.

4 — Victoire de Scipion, d'après le dessin de Jules Romain. Belle épr. du 1er état avant les montagnes dans le fond.

5 — Christ mort sur les genoux de la Vierge.

6 — Un Conclave.

7 **Aliamet** (François). La Circoncision, d'après le Guide, épr. avant la lettre.

8 **Audouin** (Pierre). Velasquez peignant le portrait de l'infante Marguerite, d'après le tableau de Velasquez, au musée de Madrid. Rare.

9 **Audran** (Gérard). Saint Jérôme, d'après le Dominiquin, épr. avant la lettre. Rare.

10 **Audran** (Jean). Distribution des pains, d'après
Claude Audran et Vernansal.

11 **Augustin Vénitien.** Vierge, Enfant Jésus, saint
Jean et deux Anges. Élymas aveuglé par saint Paul.
La vieille au panier, 1528. Trois pièces.

12 **Avibus** (Gaspard) 1564. La Cène, d'après Lam-
bert-Lombart. Très-belle épreuve.

13 **Baron** (Bernard) 1736. Henri VIII accordant un
diplôme à la société des chirurgiens de Londres,
d'après Holbein. Épreuve avant une ligne d'écriture au haut à droite.

14 — Sainte Cécile, d'après Carlo Dolci.

15 — Jupiter, amoureux d'Antiope, se transforme en
Satyre, d'après le Titien.

16 **Bartolozi.** Mort de lord Chatam, d'après Copley.
Belle épreuve avant toute lettre, seulement les noms,
à la pointe.

17 **Bary** (Henri) 1670. *De Wiin is een Spotter* (Le vin
est un bouffon), d'après le dessin de Mieris, du
cabinet Revil.
— Une vieille femme, d'après Mieris, 1er état avec
l'adresse de Clément de Jonghe.

18 **Barri.** Adoration des bergers, par Paul Veronèse. Autre adoration des bergers, d'après Paul
Veronèse, par Mitelli.

19 **Bazin** (N.). Femme de qualité déshabillée pour
le bain, d'après Jean de Saint-Jean. Belle épreuve
d'une pièce. Rare.

20 **Beatrizet** (Nicolas). Sujet mystique où est représenté saint Augustin dans une barque. Pièce rare
non décrite.

2.25 Rochoux

21 — Laocoon. Belle épreuve.

1.75 Rochoux

22 **Beauvarlet**. La cuisine allemande, d'après Junc-
ker. Belle épreuve.

2.50 Danlos

23 — La fille du fermier, d'après Fragonard.

1.75 Danlos

24 — Edme Bouchardon, sculpteur, d'après Drouais,
gravé par Beauvarlet pour sa réception à l'Académie en 1776. Belle épreuve.

2

25 **Beckett** (John). Mistress Turnor, d'après Kneller.

3.50 Cl.

26 **Beham**. Adam et Ève chassés du Paradis. Jugement de Pâris. La Charité romaine. 3 pièces.

10.50 Rochoux

27 **Belle** (Étienne de La). Le Reposoir. Belle épreuve
avant l'adresse.

3 cl.

27 bis **Berghem** (Nicolas). La Vache qui pisse. On lit
seulement au bas : *Berghem invenit et fecit.*

25 Loiselet

28 **Berrardi**. La Vierge et saint Pierre, d'après Pit-
toni. Autre Vierge entourée de Saints et de Saintes,
d'après Cignaroli. 2 pièces.

2.25

29 **Billy** (Nicolas). Assomption, d'après Étienne
Parocel.

30 **Bisi** (Michel). Vierge et Enfant Jésus, sainte Aga-
the et saint Roch, d'après Luini. Épreuve avant la
lettre.

9 cl.

31 **Bloemaert**. Sainte Famille, d'après le Parmesan.
Épreuve avant la lettre. Saint Xavier aux Indes,
d'après Jean Miel. Belle épreuve. 2 pièces.

3.50 Rochoux

32 **Blot** (Maurice). Le Verrou, d'après Fragonard.
Belle épreuve.

4.50 Legris

33 — Winkelman, d'après R. Mengs.

34 **Boissière** (S.). La maladie d'Alexandre. Pièce à l'eau-forte.

35 **Boldrini**. Le Sacrifice d'Abraham, le Mariage de sainte Catherine et saint Jérôme. 3 pièces gravées en bois, d'après le Titien et autres.

36 **Bolognèse** (Grimaldi dit le). Paysage à l'eau-forte, plusieurs avant le nom. 6 pièces.

37 **Bolswert** (Schelte à). Sainte Famille. Belle épr. avec l'adresse d'Ant. Bon Enfant.

38 **Bonasone**. Clélie. (83). Les filles d'Aglaure (102). Le jugement de Midas (89). Termes (166). Nymphes (173). Avant l'adresse de Rossi. 5 pièces.

39 — Nativité, la Vierge, l'Enfant Jésus et saint Jean-Baptiste (62). Le mariage de sainte Catherine. Le Temps. 4 pièces, belles épreuves.

40 — Moïse sauvé des eaux. Sainte Famille. Mariage de sainte Catherine. 3 pièces, d'après le Parmesan.

41 — Portrait de Raphaël (347).

42 **Bronchorst** (I. G.) Frédéric-Henri de Nassau. Fragment de la grande estampe du siége de Bréda, si rare.

43 **Bounieu**. Naissance d'Henri IV, peint et gravé par Bounieu de l'Académie royale.

44 **Bouys**. Claude Gros de Boze, à l'âge de 28 ans. Très-belle épreuve.

45 **Camaïeux**. Par B. Coriolan, Antoine de Trente, etc. Fac-simile de dessin. 11 pièces.

46 **Cantarini** dit le **Pesarèse**. Sainte Famille, Vierge à l'oiseau, saint François, la Fortune, etc. 8 pièces à l'eau-forte.

47 **Caraglio**. L'Adoration des bergers et la copie, la
Fureur, Hercule terrassant Acheloüs. 4 pièces.

48 **Carache** (Augustin). Saint Antoine, d'après le
Tintoret. Luca Berteli for anno 1580. Belle épreuve.

49 **Cars** (Laurent). Le mariage de la Vierge, l'Annonciation, la Nativité, la Fuite en Égypte. 4 pièces,
d'après Carlo Vanloo, la première gravée par
Ch. Dupuis. Belles épreuves avec toutes marges.

50 **Cecchini** (Francesco). La Nativité, Jésus se trans-
figurant, les Prophètes, les Sibylles, les guerriers
célèbres. 5 pièces, d'après les peintures à fresque
du Pérugin, à Pérouse. La première de ces pièces
est seulement à l'eau-forte.

51 **Chambars**. Saint Martin donnant son manteau
à un pauvre, d'après Rubens. Épr. avant la lettre.

52 **Chereau**. Notre-Seigneur lavant les pieds aux
apôtres, d'après Bertin. Épreuve avant la lettre.

53 **Cheron** (Élisabeth). Sainte Cécile, d'après un
dessin de Raphaël, du cabinet de M. de Piles.

54. **Chérubin Albert**. Les quatre Saisons. Des
génies. 10 pièces, 5 sont avant la lettre.

55 **Chodowiecki** (Daniel). Frédéric II visitant le
général Ziethen. Pièce capitale du maître.

56 **Clémens**. Frédéric II, entouré de son état-major,
venant de passer la revue de ses troupes.

57 **Cock exc. 1557**. *Patientia*. Drôlerie, peint par
P. Breughel.

58 **Cochin** (Ch. Nic.). Jésus guérissant les malades,
d'après P. Delien. Épreuve avant la lettre.

59 **Corbutt** (Charles). Portrait de femme, d'après le Titien.

60 **Cort** (Corneille). Le Baptême de Jésus, etc. 4 pièces.

61 **Cranack** (Lucas). Un Tournoi, gravé en bois (124). Rare.

62 — Adam et Ève, 1509.

63 **Cuyp** (Albert). Suite de vaches. 6 pièces à l'eau-forte et un titre.

64 **Daullé** (Jean). Les Plaisirs de l'été, d'après Boucher. Belle épreuve.

65 **Daullé**. Latone, d'après Jouvenet; Présentation de la Vierge au temple, d'après N. Chapperon; la Sainte Famille, d'après N. Poussin, par J.-B. Massard. 3 pièces.

66 **David** (C.). Buste de femme, costume Louis XIII.

67 **Decamps** (d'après). 6 pièces, dont la Sortie de l'école, Bourreaux à la porte d'une prison, les Singes amateurs, etc.

68 **Debucourt** (P. L.). Le Chasseur égaré, d'après C. Vernet. Épreuve avant la lettre.

69 **Delaunay** (Nicolas de). La bonne Mère, le Serment d'amour. 2 pièces, d'après Fragonard. Épr. avant la lettre. Rare.

70 **Desplaces** (Louis). Triomphe de Titus et de Vespasien, d'après Jules Romain. Très-belles épreuves.

71 — Vénus sur les eaux, d'après Noël Coypel. Belle épreuve.

72 **Drevet** fils (Pierre). Jésus-Christ sur le mont Sinaï, d'après Restout. Très-belle épreuve.

73 **Dujardin.** Portrait de de Vos. Belle épreuve. Rare.

74 **Durer** (Albert). Le Cavalier et la Dame (94).

75 — Vierge donnant le sein à l'Enfant Jésus (36).

76 **Dyck** (Ant. Van). Triest, évêque de Gand, terminée par P. de Jode. Belle épreuve sur papier à la folie.

77 — Judocus de Momper. *Ant. Van Dick fecit aqua forti.* Belle épreuve.

78 — Paul de Vos. *Ant. Van Dick fecit.* Belle épr.

79 **Dyck** (d'après Ant. Van). Jacob de Cachopin, par Vorsterman. 2 épreuves, une avec M. Van Eden.

80 — Gaspard Gevartius, avant le nom du graveur et avec l'adresse de *Mart. Van Eden.*

81 — Pierre Snayers, par André Stock. Belle épreuve avant les lettres G. H. et sur papier à la folie.

82 — Henri comte de Nassau, par Pontius. 2 épr., une 1re avec l'année 1649.

83 — Snellinx, par P. de Jode. 2 épreuves, une avec M. V. Eden.

84 — Paul Halmalius, par Pierre de Jode. Épreuve avec M. V. Eden.

85 — Nicolas Rockox, par Pontius. Belle épreuve.

86 — Ferdinand d'Autriche, par John Payne. Très-belle épreuve.

87 — Lucas Vorsterman, gravé par Vorsterman jeune.

88 — Philippe Le Roy, seigneur de Ravels. Épreuve avant la lettre, sans nom de graveur.

— Henriette de France, reine d'Angleterre, par Joseph Couchet.

89 **Dyck** (d'après Ant. Van). Vierge et Enfant, le comte de Strafford, etc. 8 pièces.

90 **École de Fontainebleau**. Un banquet, d'après J. Romain.

91 — Amphitrite sur les eaux.

92 — Naissance de Jésus, d'après J. Romain (n° 5 des anonymes), Jeune homme à une fontaine (n° 81 des anonymes).

93 — Un Sacrifice, d'après un bas-relief antique, gravé par Léon Davent à Rome en 1565. Très-belle épr.

94 **Earlom** (Richard). Agar reçue par Abraham, d'après Adrien Van der Weff. Très-belle estampe, chef-d'œuvre de la manière noire, épr. avant la lettre.

95 — La mère de Rembrandt, d'après F. Boll.

96 **Faber** (Jean). Le prince et la princesse d'Orange, d'après Ph. Van Dick.

97 **Faueei** (Carlo). La Sainte Famille.

98 **Faye** (Jean). Tête de femme, gravée à la manière noire.

99 **Ferdinand** (P.). Histoire en proverbe et les proverbes du temps. 2 pièces. Rares.

100 **Feretti** (Louis). *Sagra Famiglia*, d'après Garofolo.

101 **Flachenecker** (W). Charles Quint, d'après le tableau du Titien, peint en 1548.

102 **Flamen** (Albert). Vue de la ville de Corbeil.

103 **Fock**. Deux paysages à l'eau-forte, plus deux autres par Janson.

104 **France** (Baptista). Le Sacrifice d'Abraham, 1er état avant le nom. Christ descendu de la croix, 1er état avant le nom.

105 — N° 5 et la Force. 3 pièces.

106 — Descente de croix. Bacchanales, etc. 3 pièces, *3.50*
belles épreuves.

107 **Frezza** (Jérôme). Assomption de la Vierge, d'apr.
C. Maratte.

108 **Fiquet** (Étienne). L'Arioste et Cicéron. 2 pièces, *3.25*
belles épreuves.

109 **Fisher** (Edwar). Christian VII, roi de Danemarck, *2.50*
d'après Dance. Épreuve avant la lettre

110 **Galle** (Corneille). Vénus et les Amours, d'après *3.25*
Rubens. Belle épreuve d'une jolie pièce. *dromond*

111 **Gandolfi** 1820. Amour couché. *1.75*

112 **Garavaglia** (Giovanni). Charlemagne. Épreuve *1.25*
avant toute lettre.

113 **Gelée** dit le **Lorrain** (Claude). Fuite en Égypte, *10 cl.*
1er état. *pour Dutuit ?*

114 — Le dessinateur. Belle épreuve, mais retouchée à *1.75*
l'encre de Chine, plus une épreuve moderne.

115 **Gérard de Lairesse**. Joseph reconnu par ses *1*
frères. Épreuve avant la lettre, pièce à l'eau-forte.

116 **Géricault**. Retraite de Russie. Lithographie à *7 loi.*
deux teintes. Très-rare.

117 **Gheyn** (Guillaume de). L'Annonciation, d'après le *1.25*
tableau du Guide, du Musée du Loûvre. Rare.

118 **Guide** et son école (Guido Reni, dit le). Sujets de *8*
Vierges, Sainte Famille, la Fortune, etc. 7 p. à l'eau-
forte.

119 **Hackert** (Georges). Le Soir, d'après de Guaspre *1*
Poussin.

120 **Haeften** (N. Van). Trois Fumeurs et buveurs à *1.50*
une croisée. Gravé en manière noire.

2   121 **Haid**, 1777 (Jean-Elias). Calas et sa famille, d'après Daniel Chodowiecki.

2.25   122 **Haid**, 1765 (J.-G.). L'Homme au pistolet, d'après Rembrant. Épr. avant la lettre.

4.50   123 **Haid**. Ougde Grosse, d'après Reynolds. Épr. avant la lettre.

1   124 **Halen**, pinxit et sculp. (Arnould Van). Alexandre présentant Apelle à Campase.

2   125 **Hall**. Richard Brinsley Scheridan, d'après Reynolds. Epr. lettre grise.

2.75   126 **Heath** (James). Révolte à Dublin, d'après Wheatley. Epr. avant la lettre.

7 cl.   127 **Henriquel-Dupont**, 1852. Adieux du général Lariboissière à son fils, d'après le tableau peint par Gros en 1814. Belle épreuve avant toute lettre papier de Chine ; les noms à la pointe.

1   128 — Grégoire XVI, d'après Delaroche. Epreuve sur papier de Chine.

1   129 **Hollar**. Henry Van der Borcht, 1er état, Victoire Colonna disciple de Sébastien del Piombo. 2 p.

1.50   130 **Hollar**, 1649. Flèche de la Cathédrale de Mechelen.

3.25   131 **Iode** (Pierre). Ambroise Spinola. Belle épr.

2.50   132 — Jésus chez Nicomède, d'après Seghers. Belle épreuve.

2   133 **Ieghers** (Jean). La Trinité, gravé en bois, d'après Ant. Sallarts, la Lutte, pièce en bois attribué à Holbein. 2 p.

2.75   134 **Lante** (Joseph). Catherine II, impératrice de Russie.

135 **Lasinio** (Carlo). Sujets sacrés, d'après les fresques

2.25   de Ghirlandajo, Gaddi, etc. 3 p.

136 **Lasinio.** Les loges et les stucs de Raphaël au Vatican. 13 p. in-fol.

137 **Lasne** (Michel). Léoménie de Brienne, d'après
Ferdinand. Belle épr.

138 **Laurentius.** La Pythonisse, d'ap. Salvator Rosa
Épr. avant la lettre.

139 **Lauwers** (Nicolas). Jugement dernier, d'après
P. Rubens. Belle ép.

140 **Léonard** (Jacques). Jugement dernier, d'après les
tableaux du Tintoret, dans l'église de la madone
del Orto, à Venise.

141 **Lepautre.** Le Frappement du rocher, d'après
Nic. Poussin.

142 **Levasseur** (Ch.). La Gaîeté sans embarras, d'ap.
Kraus. Belle épr.

143 **Leroux.** Portrait de Léonard de Vinci, d'après ce
maître. Epr. avant la lettre.

144 **Lesueur** (D'ap. Eustache). Jésus chez Marthe et
Marie. Pièce rare, sans nom de graveur.

145 **Lignon** (Frédéric). N. Poussin, d'après lui-même,
tableau du Musée du Louvre. Belle épr. lettre grise,
sur papier de Chine.

146 **Longhi** (Pierre). Mascarade et Marionnettes. 2 p.
à l'eau-forte.

147 **Lucas de Leyde.** Son portrait, Adam et Ève
(10). 2 p.
— La Mort d'Abel (13), les Musiciens (175), le
Seigneur et la Dame (148). 3 p.

148 — La Résurrection de Lazare.

149 — Ecce Homo, Couronnement d'épine, saint Jérôme, saint Jean, et deux pièces d'après Lucas de
Leyde. 7 p.

150 **Maratte** (Carle). Martyr de saint André. 1er état, avant la lettre. 2 p.

151 **Mantuan** (George). La Visitation, d'après Salviati. Belle épr.

152 **Mantuan** (Les). Sainte Famille, Mort d'Hector, Énée sauvant son père Anchise, le Chasseur Orion. 7 p.

153 **Mantuan** (Georges et Diana). Vénus et Vulcain, Régulus (36), copie, Triomphe de Bacchus (46). 3 p. Belles épr.

154 **Marc-Antoine**. Le Triomphe, d'ap. Manteigne. — La même composition, copie.

155 — Le Grimpeur (488), d'après Michel-Ange.

156 — Raphaël dans son atelier (496). Copie rare.

157 — Apollon et Daphné.

158 — Les trois Mariés, d'ap. Michel-Ange. Belle épr.

159 — Jupiter et l'Amour, d'ap. Raphaël (342).

160 — Méditation (460), d'après le Parmesan, plus une copie avec changement.

161 — La Peste (417). Anc. épr. avant l'adresse de Salamanque.

161 bis. — La même, aussi avant l'adresse.

162 — Apollon du Belvédère (328).

163 **Marc de Ravenne**. Vénus sur les eaux.

164 **Mellan** (Claude), 1660. Fouquet, surintendant des finances. Rare.

165 **Morghen** (Raphaël). Jean Boccace.

166 **Marc** (Pierre de). La Mère et l'enfant, d'ap. C. Visscher. Épr. avant la lettre et les armes.

167 **Moitte**. Le Jugement de Pâris, d'après le tableau de Paul Rubens, de la galerie du comte de Bruhl. Épr. avant la lettre.

168 **Moro** (Del). Abraham et les anges. Deux épreuves, une du 1er état. Dieux marins, Nymphe et Satyre. 4 p.   3.75

169 **Moyreau**. Betsabée au bain, d'après Rembrandt.   3.50

170 **Mozalli** (Cosmé). Philippe IV, d'ap. Velasquez. Portrait équestre.   1.

171 **Muller** (Jean). Christian IV, roi de Danemarck. Du cabinet W. Esdaille.   6 Daulos

172 **Muller** (Jean G.). Sainte Cécile, d'après le Dominiquin. Belle épreuve.   4 Cl.

173 **Nanteuil** (Robert). Charles d'Orléans, comte de Dunois, d'après Ferdinand. Très-belle épreuve.   9 Rochoux

174 **Panneels** (Guillaume), 1631. Trois pièces d'après Rubens.   1·75

175 **Parizeau**, 1769. Scène familière, d'après Greuze. Épr. d'eau-forte avant la lettre.   2

176 **Pass** (Crispin de). Mars et Junon, Diane, Apollon, Jupiter et le Temps. 4 p. Belles épreuves.   3

177 **Pesne** (Jean). Esther devant Assuérus, d'ap. N. Poussin. État non décrit par M. Robert-Duménil. Elle est entièrement recouverte de travaux.   29 Drouond

178 **Philips** (Charles). L'Enfant au pigeon, d'après F. Mola. Epr. avant la lettre.   1·75 Daulos

179 **Po** (Pierre Del). Christ mort sur les genoux de la Vierge, d'ap. An. Carrache. Belle ép.   2.50

180 **Poilly** (N. de). De Lionne, secrétaire d'Etat. Très-rare épr. avant toute lettre et les armes.   35

181 **Pontius** (Paul). La Pentecôte, d'ap. P. Rubens. Belle épr.   14.50 Daulos

182 — Portrait de Raphaël. Très-belle ép.

183 — Ambroise Capellus, évêque d'Anvers. Belle ép.

184 **Porporati** (Carle). Buste de jeune fille, d'après Mme Le Brun. Rare.

185 **Pradier** C.-S.), 1811. Ducis, d'ap. Gérard. Épr. avant la lettre, papier de Chine.

186 **Rainaldi** (Jérôme). Octave Farnèse. Deux pièces.

187 **Ravenet** (J.-F.). Alliance de la Peinture et du Dessin. Gravé d'ap. le Guide. Épr. avant la lettre.

188 **Ravenet** (François). Socrate et Xantipes, d'après Ribera dit l'Espagnolet. Epr. avant la lettre.

189 **Regnesson** (Nicolas). La Descente du Saint-Esprit sur les apôtres, d'après J. Blanchard.

190 **Rembrandt**. Nativité. Très-belle épreuve.

191 — Trois portraits et têtes. Belles épreuves.

192 **Ribera dit l'Espagnolet** (Joseph). Saint Jérôme (5), Saint Pierre (7), 1er état, Ivresse de Silène. Copie par Ferdinand. 3 p.

193 **Rochman** (Gertrude). *T huys te zuylen*, d'après Roelandt Rochman.

194 **Roger**. Portrait en pied de la reine Marie-Antoinette, d'ap. Rosselin le Suédois. Son costume est celui qu'elle portait à l'assemblée des états généraux-

195 **Roullet**. Les saintes Femmes au tombeau de Jésus, d'ap. An. Carrache.

196 **Roullet** (J.-Louis). Vierge et Enfant Jésus, d'ap. Annibal Carrache.

197 **Roullet** (Jean-Louis). Christ mort, d'après le tableau d'Annibal Carrache, de la collection Carlisle. Très-belle épreuve, mais rognée.

198 **Rossi** (André). Duc et duchesse de Parme.

199 **Rubeis** (Jean-Baptiste). Sainte-Famille, d'après Raphaël. Rare.

200 **Sadeler** (Raphaël). L'Été et l'Automne, d'après le Bassan.

— Saint Sebald, par Sadeler. Deux costumes par P. de Jode.

201 **Sacredam** (Jean). Les quatre Saisons, d'après Goltzius. Quatre pièces, belles épreuves.

202 **Saint-Aubin** et **Pruneau**. L'Amour à l'espagnole, d'après J. B. Leprince. Épreuve avant la lettre. Rare.

203 **Seeman** (Reinier). Vues de Hollande. Deux pièces, belles épreuves.

204 **Sericus** (Philippe), 1565. Sainte Famille, d'après Michel-Ange. Rare.

205 **Smith de Berlin**. 1773. La Vierge, l'Enfant Jésus et Saint Jean, d'après le tableau de Van Dyck, de la collection du prince Henry de Prusse.

206 **Smith**. Portrait d'homme, d'après Gerard Dow. Épreuve avant la lettre.

207 **Smith** (Jean). Thomas Herbert, William Cecil, d'après Wissing.

208 **Spada** (Valerio). Ballet de l'invention de Jean-Baptiste Balbi. Douze pièces à l'eau-forte.

209 **Stella** (Claudia). Le Frappement du rocher, d'après N. Poussin. Belle épreuve.

Stella (Claudine Bouzonnet). Sainte Famille, d'après N. Poussin.

2

9.50 210 **Stoop**. Combat des quadrupèdes contre les bipèdes. Pièce à l'eau-forte non décrite. Rare.

39 211 **Strange** (Robert). Charles Ier et Henriette de France, d'après Ant. Van Dyck. Deux pièces, belles épreuves.

7.50 212 — Tête d'ange, d'après le Guide.

2. 213 **Suyderhoëff**. Les trois Commères, d'après Adrien Van Ostade. Belle épreuve avant les coins teintés par des tailles.

5 214 **Sweerts** (Michel). Portrait d'homme. Belle épreuve

2.25 215 **Tanjé**. Les Philosophes ou la fille échappée, d'après Troost.

4.50 216 **Tassaert**, 1761. Les Enfants de Rubens, d'après Rubens. Épreuve avant la lettre.

2.25 217 **Tassaert** (J.-J.-F.). Angélique Arnault et la sœur Agnès, d'après le tableau de Philippe de Champagne.

57 218 **Teniers** (David). Fête de village. — Pèlerin et pèlerine. — Intérieur de cuisine, 1er état, avant le monogramme D.T. Quatre pièces à l'eau-forte, rares.

4.25 219 **Terwesten** (A.). Moyse présenté à la fille de Pharaon, d'après Paul Véronèse.

2.25 220 **Tilliard** (Jean-Baptiste). Les Bergers russes, d'après J.-B. Le Prince. Épreuve avant la lettre.

2.75 221 **Thomassin** (H.-Simon). Le *Magnificat*, d'après Jouvenet.

3.50 222 **Thomas**, 1792. Fernand Cortez, d'après Velasquez. Épreuve avant la lettre.

2.25 223 **Tiepolo** (Dominique). Évêque prêchant, d'après J.-B. Tiepolo, et une pièce à l'eau-forte par J.-B. Tiepolo.

224 **Trouvain** (Antoine). Le père Lachaise, confesseur de Louis XIV. — Claude Menestrier, de la société de Jésus. Deux portraits, belles épreuves.

225 **Vaillant** (A.). Bevilaqua, patriarche d'Alexandrie, d'après B. Vaillant.

226 **Vanni** (Jean-Baptiste). Les noces de Cana, gravé d'après le tableau de Paul Veronèse, du Musée du Louvre. 1er état avant l'adresse.

227 **Velde** (Jean Van). Le bon Samaritain. Deux portraits d'après Stals et Isaac. Trois pièces.

228 **Verboeckheven**. Divers animaux passant un gué. Pièce à l'ea-uforte.

229 **Vico** (Enée). Sainte Famille (5). — Combat des Lapytes (30). Épreuve avant l'adresse de Van Aelst. Deux pièces.

230 **Viegler** (Simon de). Le Cheval (13). Belle épreuve.

231 **Villamena**. Descente de croix. — Mise au tombeau. Deux estampes d'après le Baroche.

232 **Wischer** (Corneille et Jean). Robert Junius. — Intérieur, d'après Ostade, etc. Trois pièces

233 **Vorsterman** (Lucas). Constant Hugens, d'après Livens. Belle épreuve avec l'adresse de M. Van den Eden.

234 — Thomas Howart, d'ap. Holbein. Contre-épreuve, plus une pièce d'après le Parmesan.
— Les Joueurs, d'après A. de Coster. Belle épreuve.

235 **Waterloo** (Antoine). Grands paysages en largeur, neuf pièces ; plus quatre paysages. Treize pièces. Anciennes épreuves, avant les retouches, et sur papier fin de Hollande. Plusieurs avec la marque de La Folie.

236 **Wick** (Thomas). Porte d'une ville. Paysage par V. Boom. Deux pièces.

237. **Wille fils** Le Wauxhall. Pièce à l'eau-forte. Épreuve avant la lettre.

238 **Witdoeck** (Jean). Saint Nicolas, d'après Corneille Schut. Belle épreuve.

239 **Zucchi** (Louis). Deux têtes de jeunes filles, d'après Rotari.

240 **Ecole italienne.** Coupe d'orfèvrerie, par Fantuzzi. Bas-relief antique. Les Apôtres, par Bonasone, etc. Sept pièces.

241 — Michel-Ange, par Bonasone, etc. Six pièces.

242 — Treize pièces, d'après Corrège, Albane, Ribera, Raphaël, etc.

243 — Neuf pièces, d'après Sodoma, Imola, Michel-Ange, Cavedone, Carle Maratte, Rotari, etc., etc.

244 — Eaux-fortes, par Salembeni, Farinati, Marc-Ricci, Otti, Schiaminosi, etc. Sept pièces.

245 — Léonard de Vinci, Michel-Ange, Le Guide, Polidore, Sabatelli, etc. Six pièces.

246 — Anonyme et Reverdino, Michel Luchese, Florent Despeche, etc. Sept pièces.

247 — Douze pièces à l'eau-forte, par Tiepolo, Carlonne, Borgiani, Galestruzzi, etc.

248 — Huit pièces à l'eau-forte, par Mattioli, Lorenzino, Pietre Teste, Reatinus, etc.

249 Huit pièces à l'eau-forte, par Buccanigra, Gimignani, Bricio, Guido Reni, etc.

250 Dix pièces, par et d'après Polidore, P. del Po, Zucchi, Orsolini, Franco, etc.

251 — Cinq pièces d'après Michel-Ange. La Chute de Phaeton. L'Enlèvement de Ganimède. Bacchus et les tireurs d'arc.

252 — Enlèvement d'Hélène, d'après Le Guide, Marche triomphale, d'après J. Roman, Saint Jean prêchant dans le désert, par Fontana, une Cène, peinte par Poalo Recchi en 1620. Quatre pièces.

253 — Sainte Suzanne, Circoncision, Sainte Famille, etc. Six pièces, d'après le Guide, le Dominiquin, A. Carrache, Algarde, Conca. Gravées par Pazzi, Audenarde, Frey, etc.

254 **Graveurs flamands.** Divers portraits, par C. Galle, Van Dalen, Coninck, Jean Barra. Six pièces.

255 **Ecoles allemande et flamande.** Huit pièces diverses.

256 **Écoles flamande et hollandaise,** par et d'après Van de Velde, Bol, Mieris, Ostade, etc. Douze pièces.

257 — Dix pièces, par R. et J. Van Orley, Arnold, Houbraken, Elseimer, Van der Cabel, etc.

258 — Baron de Beck, par Pontius; un Rabbin, par W. Strange, d'après Rembrandt; une eau-forte, d'après Teniers, et trois pièces, d'après Berghem. Six pièces.

259 — Le Midi, le Soir, d'après Berghem; la Moisson, d'après Teniers; Prise du Héron, d'après Van Falens; l'Abreuvoir, d'après Asselyn, fig. par Berghem, gravé par Major. Quatre pièces.

260 — Le Matin, le Midi, d'après N. Berghem; Marine, d'après J. Vernet; Chasse aux canards, d'après Wouvermans; Vues de Rome, etc. Sept pièces gravées par Le Bas, Moyreau, Canot, Daudet, etc.

261 **École française**. Divers sujets, par N. Pecoult, Audran, Denon, Delarive, etc. Onze pièces.

262 — Musée de Saint-Pétersbourg. Vingt-cinq calques d'après les tableaux de cette galerie. Avec description manuscrite.

262 bis **Fortier**. Des rochers figurant des figures.

263 **Portraits**. Le connétable de Bourbon, duc d'Alvarès de Tolède, Castel Rodrigo, Marcel de Barca, François de Malherbe. Six portraits par P. de Jode, Lauwers, Vorsterman, etc.

264 — Masaniello, Thomas Moore, Moza, la princesse de Conti. Cinq pièces.

265 — Colbert, Vignerod, abbé de Richelieu. Deux portraits.

266 — Le duc et la duchesse de Farnèse. — Sainte-Marthe, par. Ad. Boon. Deux portraits.

267 — Charles de Gonzague, duc de Mantoue (1657); Mauroceno, général vénitien, gravé par Piccino, en 1658. Deux pièces.

268 — Souverains, princes, hommes de guerre, etc. Vingt-six portraits de la collection Montcornet.

269 — Prélats, théologiens, etc. Vingt-quatre portraits de la collection Montcornet.

270 — Quinze portraits de Legistes, de la collection Montcornet.

271 — Onze portraits de femmes, époque de Louis XIII, de la collection Montcornet.

272 — Portraits de peintres célèbres, de la collection Odieuvre. Vingt pièces.

273 — Innocent XII, l'abbé Ramelli, l'abbé Tachetti, par Polanzani ; Trevisanus, patriarche de Venise, Sébastien Paoli, Burzinski, etc., par Pitteri. Six portraits.

274 — Rapin Toiras. Très-beau portrait sans aucun nom de graveur.

275 — Raphaël, Albert Durer, Lucas de Leyde. Trois pièces.

276 — Jean Van Balen, par Hollar. Snyders, par Jean Meyssens. Deux pièces, belles épreuves.

277 — Paul Pontius, Pierre de Jode, Corneille Cort, Arthur Quellinus. Quatre portraits, 1er état. Belles épreuves, avec l'adresse de Meyssens.

278 — Portrait de Raphaël, entouré de figures allégoriques de la Peinture et de la Sculpture, d'après C. Maratte. Epreuve avant la lettre.

DESSINS.

279 **Asselin** (Jean). Paysage avec lointain. Dessin au bistre.

280 **Backuisen**. Vue d'un village. Dessin au bistre.

281 **Baltard, architecte**. Six dessins à la sanguine, d'après des sculptures du palais du Louvre.

282 **Blanchet de Lyon** (Thomas). Figures allégoriques. Frontispice pour le théâtre de Savoye de Blaeu. Dessin lavé au bistre.

283 **Blondel**. Bajazet, esquisse au crayon du tableau qui est à Versailles.

284 **Bout** (François). Vue d'une rivière traversant une ville. Dessin à la plume et au bistre.

285 **Breughel** (Pierre). Route de Flandre. Dessin à la plume et au bistre.

286 **Cangiage** (Giovanni). Le Passage de la mer Rouge. Dessin à la plume lavé au bistre.

286 bis **Carrache** (Annibal). Étude de décoration. Dessin à la plume et au bistre. Au verso, études d'enfants et autres.

287 **Castellan**. Vue de Nidra, île de l'Archipel. Vue de la ville et du port de Navarin.

288 **Castillo**. Deux têtes de vieillard.

289 **Cigoli**. Une Descente de croix. Dessin à la sanguine.

290 **David** (Louis). Guerrier à cheval. Dessin au crayon noir.

291 **Dubels**. Vaisseau en pleine mer. Dessin à la plume et au bistre.

292 **Garnier**. Nymphe et Satyre. Dessin lavé à l'encre de Chine.

293 **Gelée** dit **le Lorrain** (Claude). Étude de vaisseaux à Rippa-Grande, sur le Tibre, à Rome. Dessin au bistre.

294 **Gillot** (Claude). Costumes de théâtre. Six dessins au crayon rouge.

295 **Goyen** (Jean Van). 1647. Vue de Hollande. Dessin au crayon.

296 **Greenwich**. Aquarelle d'après un tableau du Titien, à Venise.

297 **Grégoire** (Paul) sourd et muet. L'Abbé de l'Épée. Dessiné d'après nature au crayon noir sur papier de couleur, en 1785.

298 **Guardi**. Un vase, etc. Trois dessins au bistre.

299 **Guerchin** dit **le Barbieri** (François). Un Pontife. Dessin au bistre.

300 **Lallemand**, 1782. Vue de l'Hôtel-de-Ville prise de l'hôtel des Ursins. Dessin colorié. — Vue d'une porte d'Auxerre. — Vues des tours du vieux palais et l'une des portes de la ville de Rouen. Trois dessins coloriés. Sera divisé.

301 **Largillière**. Portrait d'un maréchal de France. Étude à la sanguine, rehaussée de blanc.

302 **Larue**. Bacchanales d'enfants. Dessin à la plume et au bistre.

303 **Le Prince** (Jean-Baptiste). Paysan russe. Dessin à la sanguine.

304 **Léonie** dit **le Padouan**. Tête de femme. Dessin au crayon noir, de la collection Lempereur.

305 **Livens** (Jean). Portrait d'un personnage hollandais. Dessin au crayon.

306 — Étude de paysage. Dessin au bistre.

307 **Manglard**. Une marine. Dessin au crayon et lavé.

308 **Maréchal, architecte**. 1787. Vues des jardins de la Folie Saint-James, à Neuilly près Paris, dont le temple de bambou, le pont de pierre allant à la maison. Vue du jardin de monseigneur le duc d'Orléans, à Monceaux. Quatre jolis dessins au bistre, dans le goût de Fragonard.

309 **Meunier, architecte**. 1792. Vue d'une partie des restes de l'aqueduc de Fréjus, bâti par les Romains. Dessin colorié.

310 — Château de Saint-Romain, à une lieue de Beau-
caire. Dessin colorié.

— Vue du Musée d'antiquités, à Arles.

311 — Vue du château de la voûte Polignac. Dessin
colorié.

312 — Vue de la place de la maison commune, à Arles.

313 — Vue de l'église du Puy, dans la ville de ce nom,
en Velay.

314 **Michel-Ange** (Attribué à). Ivresse de Silène.
Dessin à la plume et au bistre.

315 **Michel Carré**, élève de Berghem. Cerfs et biche
dans un paysage.

316 **Moitte, architecte**, 1787. Porte St-Antoine,
à Paris. Dessin colorié.

317 — Porte Saint-Bernard. Dessin colorié.

318 **Nanteuil**. Portrait d'un légiste. Dessin au
crayon sur vélin.

319 **Ostade** (Adrien Van). Études de petites figures. Trois dessins à la plume et au bistre.

320 **Palme le Jeune**. Saint-Étienne. Au verso, des
études. Dessin au bistre, du cabinet Denon.

321 **Perier** (François). Dessin à la plume et lavé,
d'après un bas-relief antique.

322 **Photographie**. Portrait du pape Pie IX, fait
d'après nature, à Rome, en 1847.

323 **Poussin** (Nicolas). Regulus retournant à Car-
thage. Beau dessin au bistre, de la collection de
Thomas Laurence.

323 bis **Ruhierre**, peintre, dessinateur et graveur.
Quarante dessins, études au crayon et à la sanguine.
In-4° obl. cart.

324 **Sceman**. Combat naval, dessin au bistre. Vue de Hollande, dessin au bistre par Savry.

325 **Tiepolo** (Jean-Baptiste). Diogène et Archimède. Deux dessins au bistre.

326 — Abraham et les anges. Dessin lavé au bistre.

327 **Tintoret**. Études de figures, dessin au bistre. Combat naval, dessin lavé et rehaussé, par Mathurino.

328 **Tobie Stimer**, 1570. Les prophètes. Quatre dessins aux recto et verso des deux feuilles, lavés sur papier de couleur et rehaussés.

329 **Van der Meulen**. Marche d'armée. Dessin au crayon.

330 **Verdier**. Saint Jean dans le désert. Dessin au crayon sur papier bleu.

331 **Zuccharo** (Frédéric). Mort d'un évêque. Dessin au bistre.

332 **Ecole italienne**. Portrait de Daniel Ricciarelli, de Volterre, peintre. Dessin au crayon.

333 **Ecole espagnole**. Jésus et saint Jean. Tête de l'Envie. Deux dessins lavés au bistre, de la collection Standisch.

334 — La Rencontre. Joli dessin lavé à l'encre de Chine ; il est sur peau de velin.

335 **Ecole flamande**. L'Atelier de Jordaens. Dessin au crayon rouge.

LIVRES A FIGURES, RECUEILS D'ESTAMPES, ŒUVRES DE MAITRES, ARCHITECTURE, PEINTURE, SCULPTURE, VOYAGE, ETC.

336 Textvs Biblie. 1533. Guillaume Bouillé. In-fol. v. fig. en bois.

337 Nonæ tobiæ stimeri sacrorum Bibliorum figuræ, etc. Strasbourg, 1590. Fig. en bois. In-8° cart.

338 Histoire du vieux et du nouveau Testament, avec des figures, par M. Le Maître de Sacy. A Lyon, 1798. In-4º, fig. v.

339 Livre d'heures, manuscrit du XVᵉ siècle, les feuillets ornés de fleurs (incomplet). In-4º, rel. anc. Il a appartenu à une famille de seigneurs de Maubouhan dont la généalogie se trouve à la tête et à la fin du livre.

340 Manuscrit de 165 feuillets entourés d'arabesques. Heures de la Vierge, 5 miniatures in-8º cart.

341 Hore virginis Marie. Thielman Kerver, 1526. In-12, fig. en bois rare, rel. en v.

342 Livre d'heures imprimé dans le XVIᵉ siècle. In-8º vélin (incomplet), fig. en bois.

343 Nouvelles petites heures de la cour. m. r. tr. d. In-24.

344. Religiosissimi doctrinaque et eloquentia clarissimi viri Petri Lalemantii, prioris Sanctæ Genovefæ, etc. *Paris*, 1679. Avec un portrait de Lallemand, par *Nanteuil faciebat*, 1678. Fleuron dans le livre, par Chauveau. In-4º, rel. en veau.

345 Les principes d'astronomie et cosmographie avec l'usage du globe, le tout composé en latin par Gemma Frizon et mis en langue française par M. Claude de Boissière, Daulphinois. *Paris*, Hierosme de Marnet, 1582. In-8º vélin. Rare.

346 Tractatus posthumus J.-J. Boissardi Vesvntini de Divinatione et magicis præstigiis, etc. In-fol. vél., fig. grav. par Théodore de Bry.

Ce vol. sans date a 48 fig. Brunet ne cite pas cette édition.

347 Livre d'écritures d'Arnold Moller. Nuremberg,
1648. In-4° cart. Texte en allemand. En tête, les
cinq Sens et le portrait d'Arnold gravé par Ham-
burg. Vol. rare.

348 Recueil de veues de tous différens bastimens de la
mer Méditerranée et de l'Océan, avec leurs noms et
usages, par P.-J. Guéroult du Pas. A *Paris*, 1710.
In-4° v. Suite de 30 p. dédiées à M. de Vanolles, et
une suite de 16 pièces numérotées, n° 1 et 2 par
Seeman, et un livre de plusieurs navires de guerre
et vaisseaux marchands. Chez N. Poilly. 6 p.

349 Description et usage du Pantographe nommé com-
munément Singe, considérablement changé et per-
fectionné par Canivet, ingénieur du roy. In-4° avec
une pl. grav. par Du Vivier en 1744. Br.

350 Description des expériences de la machine aérosta-
tique de MM. Montgolfier, par M. Faujas de Saint-
Fond. Paris, 1754. In-8° cart.

351 L'Art militaire français pour l'infanterie, représenté
par des figures en taille-douce dessinées d'après
nature et gravées par P. Giffart. In-12, fig. v.

352 Esquisses historiques des différents corps qui composent l'armée française, par Joachim Ambert, dessiné par Ch. Aubry. In-fol. fig., 16 pl. en feuille.

353 Histoire pittoresque de l'équitation ancienne et moderne, par Ch. Aubry, peintre. Paris, s. d. In-fol.
fig. (24) color., demi-rel.

354 The annals of sporting and fancy gazette «Magazine»
entirely appropriated to sporting subjets and fancy
pursuits. London, 1822. 13 vol. in-8°, demi-rel.,
contenant un grand nombre de vignettes, de chevaux, chiens, chasses, etc. Plusieurs coloriés.

355 Collection des fleurs et fruits peints d'après nature
par Louis Prevost et tirés de son portefeuille, avec
un discours d'introduction sur l'usage de cette collection dans les arts et les manufactures ; suivi d'un
précis historique sur l'art de la broderie, et d'une
vue générale sur toutes les manières de peindre jusqu'à nos jours, par Gault de Saint-Germain, avec
explication des planches par Duchesne. Paris, 1805.
In-fol., demi-rel. Fig. (48). Coloriées.

356 **Van Spaendonck** (d'après). Fleurs coloriées. 24
pl. grav. par Legrand et Chaponnier. In-fol., demi-
reliure.

357 Album de Redouté, peintre de fleurs, professeur au
Musée d'histoire naturelle, chevalier de la Légion-
d'honneur. Paris, Bossange père. 24 pl. col. dont
une couronne de roses, et pl. de l'ouvrage des Li-
liacées. Dédié à Mme la duchesse de Berry. In-fol.
cart.

358 Diverses oiseaux dessignées et grauées d'après le
naturel, par N. Robert, avec priuil. du roy. A Paris,
chez F. de Poilly *excudit*, à l'image Saint Benoît,
35 pl. in-4º, br.

359 Ptolemæus auctus restitutus æmaculatus cum tabu-
lis veteribus ac novis... et à la fin du texte : Caroli V
imperi anno 1 Vim vi repellere licet. Joannes Sco-
tus Argentorati literis excepit 1520. In-fol., fig. et
cartes sur bois, relié en veau ; les figures sont en-
luminées

  56 feuilles A a K iij. texte latin à 2 col. et 47 cartes gros-
sièrement gravées en bois. Vol. très-rare.
  Le titre dans un cartouche d'ornements, où se voient en haut
les trois Parques, en bas le Jugement de Pâris. Ce titre est
répété à la fin du texte.

  Brunet ne cite pas cette addition dans son Manuel.

360 Le voyage cvrievx faict avtovr du monde, par François Dra h, admiral d'Angleterre. Paris, Antoine
Robinot, 1641. In-8° vélin.

361 L'Atlas curieux, ou le monde représenté dans des
cartes générales particulières du ciel et de la
de la terre, par N. de Fer, géographe de monseigneur le Dauphin. Paris, 1705. 1re partie, 118 pl.;
2me partie, 133 pl. 2 vol. in-fol. obl., rel. en veau.

362 Les Montagnes de la terre, par Brugnière. Paris,
1827. In-8° br.

363 Les antiquités et recherches de la grandeur et
maiesté des roys de France, divisées en trois livres.
Paris, chez Jean Petit-Pas, 1609. In-8° vélin. Une
vignette par Gaspar Isaac. représentant Henri IV et
sa famille.

364 La magnifica et trivmphale entrata del christianis.
re de Francia, Henrico secondo di questo nome fatta
nella nobile et antiqua citta de Lyone à luy et a la
sua serenissima consorte Catherina alle 21 de sep-
tember 1848. Lyon, Guill. de Rouilla, 1549. In-4°
vélin, fig. en bois (incomplet de la fin).

365 Labyrinthe royal de l'Hercule Gaulois triomphant
sur le suject des fortunes, Batailles, mariage et
autres faicts héroïques de Henri IV, roy de France,
représenté à l'entrée triomphante de la reine à
Avignon. Chez Jacques Bramereau, imp. à Avignon.
1601. Petit in-fol. demi-rel. Portraits de Henri IV et
Marie de Médicis.

366 La Navarre en deuil, par le sieur de l'Ostal, vice-chancelier de Navarre. A Rouen, Jean Petit, 1611. En tête une vignette, Marie de Médicis pleurant près de Henri IV sur son lit de parade; In-12 v. Quelques feuillets tachés d'humidité.

367 Éloges et discours sur la triomphante réception du roy en sa ville de Paris, après la réduction de La Rochelle. *Paris*, Pierre Rocollet, 1629. In-fol , fig. (16). Veau fauve aux armes de Paris.

> Il se trouve parmi les figures de ce volume une très-belle planche de Louis XIII sur son trône, entouré des princes et seigneurs de sa maison, recevant les prévôts et échevins de la ville de Paris.

368 Entrée de Louis XIV et de Marie-Thérèse dans la ville de Paris, en 1662. Paris, 1662. In-fol. veau, fig. de Marot, Le Pautre, Flamen, Poilly, Chauveau, etc.

369 Cartes et descriptions générales et particulières pour l'intelligence des affaires du temps, au sujet de la succession de la couronne d'Espagne, par *N. de Fer*. Paris, 1701. Un vol. in-4º v., 21 cartes.

370 Il senato Fiorentino da Domenico Maria Manni. In Firenze, 1771. In-4º vélin. Fig. des armoiries des sénateurs florentins.

371 Victoires et Conquêtes, Recueil des principaux événements de l'histoire de nos combats, dessinés sur pierre par *Grenier*. 24 liv., 96 pl. 1 vol. in-fol. demi-rel., dos de mar. vert. (Une table des sujets de 1792 à 1815.)

372 Ministère des affaires étrangères, Rapport de la commission mixte instituée à Rome, pour apprécier les dommages causés par le siége de Rome. *Paris*, imp. nationale, 1850. In-4º avec cartes.

373 Les antiqvitez et recherches des villes, chasteavx et
places plus rémarquables de toute la France, par
André Dv Chesne. *Paris*, 1648. In-8° v. antique,
filets.

374 Description générale et particulière de la France,
par de la Borde, Guettard, Beguillet. Paris, Pierre
Lamy, 1781 à 1796. 12 vol. in-fol. cart. non rogné.
Exemplaires dont les figures sont avant la lettre.
Rare, ayant été tiré à petit nombre.

375 Vues de France. 44 pièces lithographiées par *Constant Bourgeois*. In-fol. en feuille dans un portefeuille.

376 Views in the south of France chiefly on the Rhône
engraved by W.-B. Cooke, George Cooke and J.-C.
Allan from drawings by P. Dewint after original
sketches by John Hugues A. M. of oriel college
d'Oxford with description. London, 1825. In-4°
demi-rel., dos de mar. r. 24 planches.

377 Turner's Annual tour 1835. *London*, Hogdson et
Boys. 20 vignettes. Vues des bords de la Seine, de-
puis sa source jusqu'à Rouen, avec texte par Leitch
Ritchni. In-8°, m. vert, tr. dor.

378 Description de 24 vues prises le long de la Seine,
depuis Paris jusqu'à la mer, accompagné d'une
carte par Sauvan. *Londres*, Ackerman, 1821. In-4°,
24 vues color., 2 vig. et une carte.

379 Landscape Breton. 12 vues de la ville de Nantes,
dessinées et gravées par Cholet, graveur et professeur de dessin à Nantes. Nantes, s. d. In-4°, demi-
reliure.

380 Panorama de la Loire. *Nantes*. In-12 br.
Promenade de Nantes à la mer. *Nantes*, 1842. In-12.

381 Plan géométrique de la Bretagne, par Oger, ingénieur des ponts-et-chaussées, dédié aux états. Ce
plan a été acquis en 1834 par Forest. Collé sur toile
dans un étui.

382 Nouveau conducteur de l'étranger à Bordeaux, précédé d'un précis historique sur la ville de Bordeaux.
1836. In-16, demi-rel.

383 Histoire abrégée de la ville de Nismes, avec la description de ses antiquités. Amsterdam, 1767. In 8º,
fig. v.

384 Antiquités de Nismes, Arles et autres. 1788. 45 pièces
in-4º, demi-rel.

385 A Summer amongst the bocage and the vines by
Louisa Stuart Costello. London, 1840. 2 vol. in-8º,
p. vél., cart. en percaline, avec une lettre d'envoi
de l'auteur au roi Louis-Philippe.

386 Voyage romantique en France, par le baron Taylor
et de Cailleux. Paris, 1825 à 1833. Province de la
Franche-Comté. 28 liv. in-fol. en feuilles dans un
carton.

387 Province d'Auvergne. 55 liv., 2 vol. in-fol. en feuilles
dans 2 cartons.

388 Plan d'Auxerre. Carte d'une partie de l'ancienne
Gaule. Gravure de la cathédrale d'Auxerre et Recueil de fac-simile pour les recherches historiques et
statistiques sur cette ville, ses monuments et ses en-
virons, par M. L., ingénieur. *Paris*, 1830. Fig. et fac-
simile d'écriture de personnages célèbres.

389 Lyon tel qu'il était et tel qu'il est, ou Tableau historique de sa splendeur passée, suivi de l'histoire
pittoresque de ses malheurs et de ses ruines, par
A. G. Paris, 1797. In-8º v. m.

390 Annuaire des cinq départements de l'ancienne Nor-
mandie, publié par l'Association normande. Caen,
1835 et 1838. 2 vol. in-8º br. 1ᵉ et 4ᵉ années.

391 French scenery Paris from drawings made in 1819
by captain Bailly of the grenadier guards. *London,*
Rodwel and Martin, 1822. 12 liv. in-fol. grand pap.
Fig. sur pap. de Chine et eaux-fortes. Bel exemplaire
publié au prix de 600 fr.

392 Plan itinéraire et administratif de Paris, par Perrot.
Paris, Dauty, 1831. Collé sur toile avec étui.
Petite Géographie ancienne comparée avec la
Géographie moderne, par MM. Messas et Michelot.
Paris, chez Louis Hachette. In-16.

393 Jardin de Monceau, près Paris, appartenant à S. A.
sérénissime Monseigneur le duc de Chartres. Paris,
Delafosse, 1779. In-fol., fig. (18) par Carmontelle,
dem.-rel. Bibliothèque de Louis-Philippe ; on y a
joint un plan lithographié. L'étendue de ce parc a
19 h. 23 a. 35 c.

394 Versailles ancien et moderne, par le comte Alexandre de la Borde. In-8º de 516 pages et plus de 800
grav. Paris, Gavard, 1841. In-4 br.

395 Theatrum imperii Magnæ Britanniæ... opus nuper
quidem a Johanne Spedo. London, 1616. (Théâtre
de la Grande-Bretagne.) Un vol. in-fol. Fig. par
Hondius. Rel. en veau. Livre rare.

396 Great Britain illustrated , a series of originals
wiews.... from drawings by William Westall. Londres, 1828-1829. In-4. Liv. 1, 3 à 6, 8, 9, 12, 13,
16, 17, 19, 20, 21 et 26.
— Some wiews of the seats, mansions, castles, etc.,
noblemen and gentlemen. London. Liv. 1 et 2. In- 4.
Deux exempl.

397 The microscom of London. R. Ackerman. 3 vol.
in-4. Fig. coloriées (72). Demi-rel.

398 Thirty five wiews on the Thames at Richmond,
Eton, Windsor and Oxford; drawn by W. Westall,
R. A. London, 1824. In-fol. cartonné. 24 pl. Litho-
graphies. (Vues des bords de la Tamise.)

399 Ancient sculpture in Lincoln Cathedral, par Coc-
kerel, architecte, avec autographe de l'auteur à
M. Achille Leclerc. In-8. br. Fig.

400 Modern Athens! or wiews in Edimbourg by Thomas
H. Shepherd. (Vues d'Edimbourg, Londres, s. d.,
44 liv. in-4, plus les 1 et 2, 36 et 37 doubles.

401 Ireland illustrated from original Drawings by G.
Petrie et Bartlett, esq. 20 liv. in-4 en feuilles (com-
plet). Les quatorze premières sur papier de Chine.

402 I Monumenti piv interessanti di Roma dall decimo
segolo sino al secolo, decimotavo Veduti in pros-
pettiva, dissegnati dal Vero ed incisi dall archittetto
Luigi Rossini. Roma. In-fol. Fig. (55) Demi-rel.

403 Raccolta di cinquanta principale veduta di Anti-
chita tratte dai scavi fatti in Roma in questi ultimi
tempi disegnata, ed incise all' acqua forte da Luigi
Rossini, architetto. In Roma, 1818. In-fol. Fig. (50)
cart.

404 **Vues de Rome** sous Clément IX.

— Portrait de Clément IX.

— Palais les plus célèbres de Rome, dessinés par Pierre Ferrerio, peintre-architecte :

(Palazzi di Roma piu celebre), 44 pl.

Villas et le Capitole,   31 pl., par divers.

Fontaines,   40 pl.   id.

Obélisques,   16 pl.

Vues antiques de Rome, par Eg. Sadeler, 1660.

Statues antiques de Rome, par Ph. Thomassin, 50 pl.

Camées, Pierres gravées antiques, par Enée Vico. 34 pièces *.

* Bartsch ne parle pas de cette dernière édition, où les sujets sont écrits à chaque camée.

Deux plans de Rome : un antique, l'autre en 1650.

Saint-Pierre, sous Alexandre VII.

Et les principales églises.

Un conclave et le tombeau d'Urbain VIII. Un vol in-fol. , v.   7-50

405 Notes faites dans quelques villes d'Italie pendant les années 1788-89, par M. Denon, secrétaire d'ambassade, et mises en ordre par M. Aubourg, son secrétaire, et revues et assaisonnées par l'auteur. Deux vol., un de texte manuscrit, et un de 109 pl. diverses dont des dessins et pl. à l'eau-forte, par Denon. In-4. Demi-rel.   2.50

406 Italian scenery from drawings made in 1817, by miss Batty. London, Martin, 1820. Grand in-8. Fig. (60) Demi-rel.   7,50

407 Un mois à Venise, ou recueil de vues pittoresques,
dessinées d'après nature par M. le comte de Forbin
et de Juine. Paris, Engelman. 1825. In-fol. Fig.
(15). Lithographies sur papier de Chine. Demi-rel.

408 Delineations of Pompeii. Engraved by W. B. Cooke
from drawings by major Cockburn of the royal ar-
tillery in the year 1817. Deux liv., 1 et 2me in-fol.
44 pl. et des vign. pour les deux livraisons. *London*,
1818.

409 Le Guide forestier de Pouzole (en italien), par Pom-
pée Sarnalli. Naples, 1768. In-12, vélin.
— Epitome dei volumi ercolanesi del Cav. Lorenzo
Blanco. Napoli, 1841.
— Antichità ciceroniane ed iscrizioni esistenti nella
villa Formiana in castellone di Gaeta. Napoli, 1827.
In-8. br. Fig.

410 Views to illustrate the route of Montcenis. Drawn
from natura by major Cocburn and on stone by
Hullmandel. London, 1822. In-fol. Fig. (50). Demi-
rel. A la fin du vol., 4 vues et plans de la Motte-
les-Rochers, habitation de Mme de Sévigné.

411 Swiss scenery from drawings by major Cocburn.
London, Martin et Rodwell, 1820. Grand in-8. Fig.
(60). Demi-rel.

412 The tourist in Switzerland and Italy by Thomas
Roscoe, illustrated from drawings by S. Prout.
London, Robert Jenning. 1830. In-8. m. v. tr. dor.
Fig. (25).

413 Suisse et Savoye, vues pittoresques, par Dandiran.
1838. Paris, Hauser. Gr. in-fol. Fig. (25). Lith. sur
teinte. Demi-rel.

414 Voyage en Autriche, par le comte Alexandre de la Borde. *Paris*, Didot. 1821. 2 vol. in-fol. Demi-rel. dos de m. rouge.

14

415 Castella et prætoria nobilium Brabantiæ cœnobiaque celebriora ad vivum delineata ærique incisa, in quatuor partes divisa complectentes agrum Louaniensem *, Bruxellensem, Antuerpiensem et Sylva-Ducensem, etc. Jacobi Baronis Le Roy. Antuerpiæ, 1697. In-fol. relié en veau brun. (La cathédrale d'Anvers de Hollar se trouve dans ce volume.)

14

> * Il y a de ce livre une édition de 1778, avec un titre différent.

416 De l'histoire et de la topographie des bords du Rhin, depuis Cologne jusqu'à Mayence, par Guillaume Gray Fearnside, in-8. Liv. 1 et 6. Londres, 1832. (Manque la 1re.)

8.50

417 Vues du Rhin, depuis Mayence jusqu'à Cologne. *Londres*, 1823. In-4. Fig. (24) coloriées et cartes. Texte en allemand.

418 Voyage pittoresque en Grèce, par M. le comte *Choiseul-Gouffier*. *Paris*, 178 à 1822. 2 tomes en 3 vol. in-fol. demi-rel., dos de m. r. à nerfs.

39
Rapilly

419 Views in Egypt from the original drawings in the possesion of sir Robert Ainsli. Taken during his embassy to Constantinople by Louis Mayer. *Londres*, 1801. In-fol. Fig. (31). Bibliothèque du feu Roy Louis-Philippe.

12
Hessaut

420 Views in the ottoman dominious in Europe, in Asia and some of the Mediterranean Islands, from drawing taken for sir Robert Ainslie by Luigi Mayer. *Londres*, 1810. In-fol. Fig. (71) coloriées. Demi-rel. de la bibliothèque du Roi Louis-Philippe.

25
Savy

421 Twenty four plates illustrations of Hindoo and Eu-
ropean manners in Bengal. Drawn on the spot by
Colin from sketches by Mrs Belnos. *Londres,* Smith.
In-fol. Fig. (24). Texte anglais et français. Demi-
rel. au chiffre du Roi Louis-Philippe.

422 Promenades pittoresques dans Constantinople et
sur les rives du Bosphore, suivies d'une notice sur
la Dalmatie, par Charles Pertuisier. *Paris,* 1815.
3 vol in-8. Demi-rel.

423 Découvertes dans la Troade, par Mauduit. Paris,
Didot. 1840. In-4. Demi-rel.

424 Excursion in Madeira and Porto-Santo, during the
autumn of 1823. By the late T. Edward Bowdich.
London, 1825. In-4. Fig. Cart.

425 Livre de povrtraicture de maistre Iean Covsin. A
Paris, chez Gvillavme le Bé, 1656. In-4. v. Edit.
très-rare. Fig. en bois.

426 — Abrégé d'anatomie, accommodé aux arts de
peinture et sculpture. Ouvrage très-utile à tous
ceux qui font profession du dessin; mis en lumière
par François Tortebat. 1760. A Paris, chez respy.
Petit in-fol. cart. (Fig. vii).

— Caractères des passions, pris sur les dessins de
l'illustre M. Le Brun. In-8 obl. 23 pl. et le titre.

27 he royal menagerie, a collection of the best cari-
catures wich have appeared in Paris since the late
revolution. London, Charles Tilt., 1831. In-12 br.

428 A political and satirical history of the years 1756,
1757, 1758, 1759, 1760, 1761 and 1762, in a series
of one hundred and twelve humourous and enter-
taining, prints. London. In-12. Fig. à l'eau-forte.

428 bis Explication des peintures à fresques, exécutées
par M. Abel de Pujol dans la chapelle Saint-Roch, à
Saint-Sulpice. In-8 br. Fig.

429 Annales du Musée et de l'École moderne des Beaux-
Arts, par Landon. Paris, 1823. 2e éd. 2 vol. fig. au
trait. 4e vol. de la 1re édition, et le Salon de 1824.
12 liv. (manque la 7e).

430 Vues de plusieurs petits endroits de faubourgs de
Paris, 24 p. — Paysages au trait, 11 p. — Figures
pour apprendre à dessiner à la plume, 12 p. —
Petits Principes d'ap. S. Leclerc, 46 p. 1 vol. in-8.
obl. cart.

431 Jeu de cartes de tarots au xviie siècle. 52 p. grav.
en bois, dans un étui.

432 Têtes des personnages les plus illustres qui se trou-
vent dans les peintures de Raphaël au Vatican.
Rome, 1757. 1re partie contenant 36 pl. dessinées
et gravées par Paul Fidanza. In-fol. Demi-rel.

433 Livre de portraitures du Poussin, par J. Pesne. A
Paris, chez N. Langlois, rue St-Jacques, à la Victoire, av. priv. Voy. Rob. Dumesnil. No 1 à 30. In-4
br. Rare.

433 La vie de saint Bruno, fondateur de l'Ordre des
Chartreux, peinte au cloistre de la Chartreuse
de Paris, par Eustache Le Sueur, peintre du Roy,
gravé par François Chauveau, de l'Académie roy.
Paris, René Cousinet. 1re édit. 1 vol. in-fol. rel. en
veau. 22 pl. et le titre. Plus une pl. de l'apothéose
de saint Bruno, avec différence de celle de la suite.
Au bas, on voit la Chartreuse.

434 Galerie de saint Bruno, peinte par Le Sueur, dessi-
née et grav. par A. Villeroy. *Paris*, 1816. In-8 cart
Fig.

435 Recueil de charges et de têtes de différents caractères, grav. à l'eau-forte d'ap. les dessins de Léonard
de Vinci, par de Caylus, précédé d'une lettre de
M. Mariette sur ce peintre florentin. *Paris*, Jombert,
1767. 1 vol in-4 cart. 64 pl.

436 Les amours des Dieux, recueil de compositions dessinées par Girodet, et lithog. par Aubry-le-Comte,
Chatillon, Delorme, etc., ses élèves, avec texte de-
scriptif, par P.-A. Coupin. Paris, 1826. In-fol. Fig.
(16) sur pap. de Chine. Demi-rel.

437 **Girodet**. Compositions tirées des Géorgiques,
lithographiées par ses élèves. 4 p. — Enéide, suite
de compositions de Girodet, lith. d'ap. ses dessins.
Paris, s. d. Gr. in-fol. obl. Demi-rel. au chiffre du
Roi Louis-Philippe.

438 **Camoëns**. 12 pièces d'après Gérard, par Forster,
Richomme et autres graveurs. Ep. av. la lett. pap.
de Chine. Plus le portrait de M. de Sousa.

439 **Gabbiani**. Vita di Antonio Gabbiani, pittor fiorentino. Descritta da Ignazio Enrico Hugford, suo
discipolo. Firenze, 1762. In-fol. v. En tête, son port.
gravé par Faucy, et une déd. à P: Mariette. Suivi
du recueil de Cent Pensées diverses du même peintre, grav. par *Cipriani*, Fauci, Pacini, Barlotozzi,
Vangelisty, etc. En tête, une dédicace au Bailli de
Breteuil en italien. Florence, 1762.

440 Composition de Jean Flaxman, concernant la Divine
Comédie du Dante Alighieri. 3e partie, le Paradis.
In-8º cart. (Texte en trois langues.)   3.50

— Le Paradis perdu, par Milton, en 12 fig. com-
posées et gravées au trait par Sophie Giacomelli.
Paris, 1813. Gr. in-4 demi-rel. cart.

441 Les quatre livres d'Albert Dürer, peinctre et géo-
métrien très-excellent, de la proportion des parties
et pourtraicts du corps humain. Tradvits par Loys
Meigret, lionnois, A. Arnhem. Chez Iean Ieansz.
1614. In-fol. cart.   6.30
                                                                    Rapilly

442 Oratio dominica polyglotta singularum linguarum
characteribus expressa et delineationibus *Alberti
Dureri*, cuncta. Monachli e lithographia. 1. stante.
Un vol. in-fol. cart. 43 pl lith. par Strixner d'ap.
des dessins d'Albert Durer, autour d'un livre de la
Bibliothèque de Munich.   13.50
                                                                    Rapilly

443 Specimens shewing the process of printing in oil
colours from engraved blocks used in producing
the pictures representing the coronation of her
most gracious majesty queen Victoria. By George   2.50
Baxter. Gr. in-fol. rel. en m. r. violet. 18 pl. Vente
du Roi Louis-Philippe.

444 **Westall**. Illustration de 24 vign. pour le Don Qui-
chotte. Ép. avant la lettre, pap. de Chine, tirée in-4.
Publ. à 3 liv. 3 s.

445 **Westall**. 22 vign. pour les œuvres de lord Byron.   9.50
Épr. av. la lettre, in-4 pap. de Chine.   *Sieurin*

446 Une série de grav. illustrées des aventures de Gil
Blas de Santillane, gravées par les plus éminents
artistes, d'après les dessins de Smirk. Ép. in-4 av.
la lettre, pap. de Chine. 24 vig. publ. à 3 liv. 3 s.

447 The Keepsake for 1829. 19 pl. in-8. Rel. en perc.

448 The Keepsake for 1842. Edited by the countess of
Blessington. London, Longhman, 1841. In-8 rel.
en moire. 12 très-jolies fig., dont le portrait du
prince Albert.

449 Heath's book of beauty 1833, with nineteen beau-
tifully finished engraving from drawings by the firts
artists. By L. E. L.. London, 1833, 1834. 2 vol.
in-8. m. bleu, tr. dor. Fig. (18) dans chaque.

450 **Fisher's.** Fisher's drawing room scrap-book,
1835, 1837. With poetical illustrations by L. E. L.
Fisher son et Co. London. In-4 rel. en percaline
rouge gaufrée. (36 pl. à chaque vol.) 2 vol.

451 Joannis Guilielmi Baurn. Iconographia complec-
tens in se Passionem, miracula, vitam Christi uni-
versam, nec non, etc. Suite de la vie de Jésus-Christ,
gravée par Melchior Kusell, d'après *W. Baur*. 148
pièces. 1 vol. in-fol. obl. vél. blanc.

452 OEuvre des frères Campion. 118 p. à l'eau-forte.
1 vol. petit in-fol. v. fauve, filet. Donné par eux à
M. Arise de Saint-Didier. Rare.

453 OEuvre de Dunouy, peintre paysagiste. 30 paysages
à l'eau-forte, y compris son portrait offert au baron
Gros. Gr. in-4 cart.

454 Recueil de cent sujets de divers genres, composés
et gravés à l'eau-forte par *Duplessis-Bertaux*. *Paris*,
1814. In-4 obl. demi-rel. 100 planches.

455 Devises et emblêmes d'amour moralisez, gravés à
Paris par Albert Flamen, peintre; imprimés chez
Estienne Loyson, au Palais, du nom de Jésus, av.
P. du Roy. 1672. In-12. Fig. (50). Veau br. Rare.

456 **Philippe Galle**. Sujets de l'ancien et du nouveau Testament. Anvers, 1573. 78 pièces. In-8 obl.
Reliure ancienne. Très-belles épreuves.

457 L'art de la lutte, par Nicolas Petter (en hollandais).
Amsterdam, 4674. In-4 cuir de Russie, fil. tr. dor.
71 fig de Romain de Hooge. Rare.

458 **Huctembourg** et **Baudouin**. Huit pièces.
Sujets dans des ovales, d'après Vandermeulen, par
Huctembourg.
— Six paysages, par F. Boudewins.
— Quatre pièces d'après Vandermeulen, par Van
Huctembourg:
— Six paysages dans des ronds; un d'après N.
Poussin, deux d'après Genoëls.
Le tout dans un volume relié en veau.

459 Divers costumes français du règne de Louis XIV,
par S. Le Clerc. Suite de 20-planches numérotées.
Un cahier.

460 Les Ours. Suite de 16 pièces gravées à l'eau-forte
par Marc de Bye, d'ap. Marc Gérard, numérotées
de 1 à 16. *Nicolas Visscher excudit. P. Schenk junior
excud.* au n° 1. Relié obl. cartonné.

461 Eaux-fortes par Marvy et Ch. Jacques. 27 pièces
sur 20 feuilles gr. in-4 dans un portefeuille.

462 Le ventiquatri hore dell' humana felicita, etc.
Les vingt-quatre heures de félicité humaine,
inventées, dessinées et gravées par Joseph Mitelli,
peintre de Bologne. 1675. Suite rare que ne décrit
pas Bartsch. In-fol. Fig. (27). Demi-rel.

463 **Mignard** (Nicolas). Son œuvre gravé. Huit pièces dont une double avant la lettre, mais contre-épreuve. In-fol. demi-rel.

464 Catalogue de livres d'estampes et de figures en taille-douce, avec un dénombrement des pièces qui y sont contenues, fait en l'année 1672 par M. de Marolles, abbé de Villeloin. *Paris*, J. Langlois, 1672. In-12, v. porph., fil. Rare.

465 Éloge historique de Callot, noble lorrain, célèbre graveur, par Husson. Bruxelles, 1766. In-8. Demi-rel.

466 A catatalogue and description of the whole of the works of the celebrated Jacques Callot, consisting of 1450 pièces. By Green. London, 1804. In-12. Port. Br. Rare.

467 OEuvre de Parizeau, 1762. Fig. iconologiques, fig. drapées, divers. sujets, suites de vases, etc. 125 p. en un vol. petit in-fol. Demi-rel.

468 Histoire de Joseph, accompagnée de dix figures gravées sur les modèles du fameux Rembrandt par M. le comte de Caylus. A Amsterdam, chez Jean Neaulme. 1757. Petit in-fol., v. racine, filets.

469 **Paul Potter.** 5 pièces. Copies des chevaux, plus une double.

— **Rembrandt.** 48 pièces d'après ce maître.

470 Pères du désert, 30 pl. — Les pénitentes. 24 pl. — Actes des Apôtres, 34 pl. — Musique religieuse, 18 pl. En tout, 106 p. d'ap. Martin de Vos, Stradan et Hermskerck. Un vol. in-4 obl. demi-rel.

471 Recueil de diverses figures, militaires, marches d'armées, courses, etc., par Sueback Desfontaine. 135 feuilles contenant plusieurs sujets sur chaque pour la plupart.

472 Batavorum cum Romanis bellum... autore Othone Wænio... Antverpiæ, 1612. In-4 obl. demi-rel. 36 pl. par Ant. Tempeste. (B. nº 560 à 595.) Avec texte hollandais.

473 Explication de la danse des morts de la Chaise-Dieu, fresque inédite du XVIᵉ siècle, précédée de quelques détails sur les autres monuments de ce genre; par Achille Jubinal. *Paris*, 1841. In-4. Fig. Collé sur toile et col.

474 Notice sur la collection de tableaux de MM. Delessert. *Paris*, 1846. In-8. N'est pas dans le commerce.

475 Notices sur les principaux peintres de l'Espagne, par Louis Viardot. Ouvrage servant de texte à la galerie Aguado. *Paris*, Gavard, 1839. Gr. in-8 br.

476 Notice biographique sur Girolamo della Robbia, auteur présumé des poteries de Henri II, et sur sa famille ; par H. Delange. *Paris*, 1847. In-8 br. 2 ex.

477 Collection de lettres de Nicolas Poussin. Paris, Didot, 1824. In-8 br.

478 The elementary drawing book for the year 1831, by *W. Gaucci* and *G. Barnard*. 12 liv. in-8 (manque le nº 4, le nº 3 double).
— Lithographie drawing book for 1823-24 et 27, par Harding. 10 liv. in-8.
— Drawing book. 6 liv. diverses.
— Cinq études d'arbres. Pl. originales par Harding.

479 Restes et fragments d'architecture du moyen âge, recueillis dans diverses parties de la France. 10 p. in-fol. lithographiées par *R. P. Bonninghton.*

480 Album lithographié. In-fol. demi-rel. Il se compose de 27 pièces dont 8 vues d'Italie par Rémond ; 12 p. par Dubois, Dupré, Fragonard, Coutan, Thomas, Monvoisin, Belliard, d'après Scheffer et Léopold Robert; Déveria, Maurin, d'ap. Schnetz; Mme Haudebourg, le Zéphir, d'ap. Prud'hon, par Grevedon, av. la lettre; le Paresseux, le Vigilant et Qui trop embrasse, mal étreint. Ces trois dernières lithographies par Pierre Guérin, épr. av. la lettre, et le portrait du pape Pie VIII. Lithog. Mandolini, Roma.

481 Tabellæ selectæ ac explicatæ a Carola Catherina Patina parisina Academica. Patavii, 1691. In-fol. Fig. (37). Veau. Planch. d'ap. P. Veronèse, Titien, Tintoret, Holbein et Jouvenet.

482 L'ape italiana delle belle arti giornale dedicado ai culturi ed amatori di esse. Roma, 1840. In-fol. Fig. (38). Cart. dos en toile.

483 Collection de gravures choisies, d'ap. les peintures et sculptures de la galerie du prince Lucien Bonaparte, prince de Canino. Rome, imprimé par de Romanis, texte par Charles de Chatillon. 1821. Gr. in-fol. Fig. (29). Épr. av. la lettre, dont 6 de statues et bas-reliefs. Recueil rare gravé par de bons grav, ital. Bettelini et autres.

484 Galerie impériale de Vienne. 9 liv. in-8. 36 pl. Plus 2 planches.

485 Galleria Riccardiana... peinte par Lucas Giordano, gravée par Lasinio fils. Florence, 1822. In-fol. Fig. (12). Rel. en m. bl. à compartiment. Bibliothèque du Roi Louis-Philippe.

486 Il gran teatro di Venezia ovvero raccolta delle principale vedute e pitture che in essa si contengono
diviso in due tomi. Un vol. gr. in-fol. obl. Demi-
rel. Rare.

> 1er vol. : Vues de Venise, 66 pl. grav. par Dominico Louisa
> et autres.
> 2e vol. : Peintures de Venise, d'après le Titien, Tintoret,
> Palma, Paul Veronèse, etc. ; 57 pl. grav. par Zucchi et
> autres.

487 Les travaux d'Ulysse, dessignez par le sieur de
Sainct-Martin, de la façon qv'ils se voyent dans la
maison royale de Fontainebleau, peints par le sieur
Nicolas, et grauez en cuiure par Theodore Van-
Thulden. *Paris*, Melchior Tavernier, 1633. In-fol.
obl. vél. 1re édition.

488 Descrizzione dei dipinti a buon fresco eseguiti dal
signor cavaliere Andrea Appiani nella sala di trono
del real palazzo di Milano del cavaliere Luigi Lam-
berti. Milano, 1809 In-8 cart. Rare.

489 Reali galleria di Firenze illustrata. Firenze, Molini,
1817. 10 vol. in-8 rel. en veau, fil. Pl. gravées au
trait.

490 Almanach de peinture, années 3e, 4e, 5e et 6e, en
2 vol. in-12, demi-rel. Florence, 1786 à 1794. Contenant les portraits des peintres de la galerie de
Florence. 48 pl.

491 Vie des peintres français. Un vol. in-8. Marseille,
1843. Br. port.

492 Catalogue des tableaux des Écoles espagnole, italienne, flamande, hollandaise, allemande, française,
exposés dans la galerie du marquis de Las-Marismas
(M. Aguado). Paris, Dupont, 1839. In-8 pap. vél.
Veau fil., tr. dorée. Exempl. de cadeau.

493 Le chevalier de Rhodes (poème de Schiller), lithog. d'ap. les dessins de *Retszch*. In-4 obl. 16 pl. au trait. *Paris, Gihaut*. Avec une feuille explicative dans un portefeuille.

Exempl. cartonné, édit. allemande.

494 Guide des amateurs de peinture, par *Gault de Saint-Germain*. Paris, 1816. In-8 broché.

495 **Bianchini** (Giuseppe). Gran duchi di Toscana della reale casa de Medici. Venezia, 1741. Dix portraits gravés par Adriano Halluech, Preissler et Pitteri. In-fol. vél. De la bibliothèque du feu Roy Louis-Philippe.

496 Musée des monuments français, ou recueil de portraits inédits des hommes et des femmes célèbres qui ont illustré la France sous différents règnes, précédé d'une dissertation sur les arts en France ; par A Lenoir. Paris, 1807. In-4 cart. Rare.

497 *Vite e rittrati di venticinque nomini illustri. Padova,* 1822. In-4 demi-rel. — 25 portraits d'hommes célèbres, par les graveurs italiens les plus célèbres.

498 Physiognomical portraits. Londres, 1821-1823. Dix liv. grand in-8 cart. Cent portraits (manquent les dix portr. de la 1re liv.), avec notice biographique en anglais et en français.

499 Galerie historique universelle. 2 vol. in-4 demi-rel. Portraits au trait avec notice.

500 Leçons de perspective positive, par Jacques Androuet Ducerceau, architecte. Paris, Mamert Patisson, imp. 1576. Petit in-fol. Fig. (60). Demi-rel.

501 Vitruvius Jocondus, 1523. In-8. Fig. en bois. Demi-rel. Rare.

— De pictura præstantissima, et nvnqvam satis laudata arti libri tres absolutissimi, Leonis Baptistæ Albertis Basilæ. 1540.

502 Essai sur le symbolisme antique d'Orient, principalement égyptien, contenant la critique raisonnée des écritures égyptiennes ; par Brière. Paris, Duprat, 1847. In-8 br.

— Essai sur les momies. Histoire sacrée de l'Egypte, publiée d'après les peintures qui ornent les sarcophages ; par Perrot, antiquaire. Nismes, 1846. In-8 br.

— Corrections et additions pour la dissertation sur les Parisii ou Parisiens et sur le culte divin chez les Gaulois, par J.-N. Deal. *Paris*, 1826. In-8 demi-rel.

503 Restitution des deux frontons du temple de Minerve à Athènes, ou dissertation pour servir à l'explication des sujets que la sculpture y avait représentés, avec 3 pl., par Quatremère de Quincy. *Paris*, 1825. Gr. in-4 cart.

504 Discovrs svr la castramétation et discipline militaire des Romains, escript par Guillaume du Choul, gentihomme lyonnais. A Lyon, Guillaume de Rouille. 1555. Dans le même vol., Henrici Galliarvm regis elogivm. Lutetiæ Parisiorum, apud Michaelem Vascosanum, 1560. In-fol. reliure en veau. Figures sur bois.

505 Des bains et thermes chez les anciens ; des bains romains de Nismes et du temple de Diane ; par Jules Teissier-Roland. Nismes, 1850. In-8 br.

506 Le palais de Scaurus, ou description d'une maison romaine; par Mazois. Paris, Didot, 1819. In-8 demi-rel.

507 Traité des cinq Ordres d'architecture desquels se sont servis les Anciens, tradvit de Palladio; augmenté de nouuelles inuentions pour l'art de bien bastir, par le sieur le Muet. *Paris*, chez Langlois dit Chartres, 1645. In-8 vél. Fig.

508 Collection des chefs-d'œuvre d'architecture des différents peuples, exécutés en modèles sous la direction des L. F. Cassas; décrite et analysée par Le Grand. Paris, 1806. In-8 br.

509 Select examples of architectural grandeur in Belgium, Germany and France, a series of twenty-four sketches drawn on the spot by the late Ch. Wild. London, Bohn. 1838. In-fol. (24). Fig. Demi-rel.

510 **Marot** (Jean). Architecture des palais et maisons de Paris. 196 pl. Un vol. in-fol. veau.

511 Notice sur la cheminée de la grande salle d'assemblée du magistrat Dufranc, de Bruges, par L. de Hondt. Gand, 1840. In-4 avec pl. au trait, broché. — Deuxième notice. Gand, 1846. In-4.

512 Traité des statues. Paris, Arnould Seneuze, 1688 In-8. Fig. In-12 v.

513 Musée Pio Clementin. 24 grandes estampes gravées par Feolie.

514 Discorso del S. Gvglielmo Chovl. In Vinegia, 1582. In-12. Fig. en bois. Broché en cart.

515 Le imagini de I de gli antichi. Raccolte dal sig. Vincenzo Cartari. *In Venetia*, presso Francesco Ziletti. 1580. In-4. Fig. à l'eau-forte. V. rac.

516 Images des héros et des grands hommes de l'Anti-
quité, dessinées sur des médailles, des pierres antiques et autres anciens monuments ; par Jean-Ang.
Canini ; gravées par Picart le Romain. A *Amsterdam*,
1731. In-4 marbre, fil.

517 Phylax le modeleur, ou la danseuse d'Arles et la
tête sans nez ; par M. Jules Canonge. Avec envoi
de l'auteur à M. Pradier, 6 mai 1847. In-12 br.

518 Vestigia delle terme de Tito e loro interne pitture.
M. Carloni, Romano, incise, 1776. Gr. in-f. de 60 pl.
(Peintures des termes de Titus.) Plus 3 pl. des
plafonds de la villa Madame. (Voy. avec le texte.)

— Le antiche camere delle terme de Tito e loro
pitture restituite al pubblico da Ludovico Mirri Romano delineate, incise, dipinte col prospetto pianta
inferiore e superiore e loro spaccati descritte dall
Abate Giuseppe Carletti Romano, etc. Roma, 1776.
Petit in-fol. de texte (ce volume avec l'atlas de
Carloni). Demi-rel.

519 Antiquarum statuarum urbis Romæ quæ in publicis.
Icones Romæ, 1584. In-4. Fig. (65). Ornementi de
fabriche antichi et moderni dell' alma citat di Roma.
Partie seconde in-4. Un vol in-4. Veau écaille, fil.

520 Philippe Brunellesco, architecte. 1377 à 1446. In-8
de 56 pag. Demi-rel.

— Notice sur André Colomban, architecte, par
Amanton. In-8 br.

— Notice sur M. Guenepin, architecte, par M. Le-
queux.

521 Fragments d'ornements par Feuchères, Clerget, de
Wailly, Reister, etc. Plusieurs de ces suites dédiées
à la princesse Marie d'Orléans, etc. In-4 demi-rel.

522 Nouvelle suite d'ornements de diverses époques,
gravée par A. Caulo. Paris, Le Touze, 1841. 41 pl.
Plus 8 par Vagner. Gr. in-4 demi-rel. percaline.

523 Portefeuille historique de l'ornement ; recueil com-
plet dessiné et gravé par Hetzmacher. Paris, Hauser,
1843. Sept liv. 28 pl. pap. de Chine.

524 Silloge nvmismatvmelle Gantiorvm quæ diuersi
nupp. reges, principes comites respublicæ, etc.
Opera ac studio Ioannis Iacobi Lvckii. Argentinæ,
1620. In-fol. vélin. Planches de médailles très-bien
gravées, et un joli frontispice avec les portraits de
Charlemagne et Henri II.

525 Medaglie inedite pubblicate da Francesco Gapraness
Romano. Roma, 1840. In-8. Fig. Br.

526 Monuments de sculpture anciens et modernes, publiés par *Vauthier* et *Lacour*. Paris, Bance, 1820.
In-fol. demi-rel. basane. 72 pl.

527 Iconographie grecque et romaine, par Mongez.
Paris, 7 vol. in-4 de texte et 2 vol. in-fol. de 121 pl.
Cartonné dos de percaline.

528 Recueil des plus beaux vers de Mre Honorat de
Beuil, chevalier, sieur de Racan. Paris, 1698. In-12
veau.

529 Mémoires, anecdotes pour servir à l'histoire de
M. Duliz, et la suite de ses aventures après la ca-
tastrophe de celle de Mlle Pélissier, actrice de l'Opéra.
Londres, 1739. In-12 v. fil. Dans le même vol., le
Triomphe de l'intérêt, comédie.

530 Charactervm ethicorvm Theophrasti. Caractères de Théophraste. *Parmæ*, 1786. Imprimerie de Bodoni. Veau rac., dent., tr. dor.

— Anacreontis. Ode d'Anacréon. Parmæ, 1786. Imp. de Bodoni. Veau rac., dent., tr. dor.

531 Les aventures de Télémaque, par Fénelon. 2 vol. Paris, 1810, in-4. Fig. (72) d'après les dessins de Monnet, grav. par J.-B. Tilliard. Demi-rel.

532 Les aventures de Télémaque, fils d'Ulysse. A Bruxelles, 1699. In-12 v.

533 Les amours du Roy et de la Reine, sous les noms de Jupiter et Junon. A Paris, chez Nicolas Bassin et Denis de Cay, au Palais. In-4 br. et cart. Fig. par MM. Lasne, Léonard Gautier, David, etc. Incomplet.

534 Lettre d'Ovide à Julie, précédée d'une lettre en prose à M. Diderot. 1767. In-8.

— Les Eglogues de Virgile, traduites en vers français avec le latin à côté, et diverses poésies par M. Richer. Paris, Ganeau, 1736. In-12 v. r.

— Les Métamorphoses d'Ovide, mises en vers français par Raimond et Charles de Massac père et fils, avec quinze sommaires, chacun devant son livre. *Paris*, Pierre Racolat, 1617. In-8 v. m.

— Les Idylles de Bion et de Moschus, traduites du grec en vers français. Paris, 1686. In-8 v. Fig.

— Trois premiers liv. de la Métamorphose d'Ovide. traduitz en vers français : le premier et le second par Clément Marot; le tiers par B. Aneav. A Lyon, par Guillavme de Roville, 1556. In-12 v. antique. Fig. en bois. Rare. A la fin, on lit : Imprimé par Mace Bonhomme, à Lyon.

1.50

: / Les Messéniques, chants militaires de Tyrtée, trad.
en vers français par Firmin Didot, député d'Eure-
et-Loir. Paris, Didot, 1831. In-8 demi-rel., avec
autographe de l'auteur.

— Épître au Roi Louis-Philippe à l'occasion du
septième anniversaire. *Paris*, Didot. Pap. vél. Gr.
in-8 m. bl., tr. dorée. — Fleurons et tournure de
lettres color. Rel. en m. plein.

536 Le martyre de Vivia, mystère en trois actes et en
vers, par Jean Reboul, de Nismes. Paris, 1850. In-8
broché.

— Préludes, par Alphonse Boissier, de Nismes.
Stances graves, pensées d'amour, mélanges. Nismes,
1850. In-8 br.

2

537 Bibliothèque historique de la France, contenant le
catalogue de tous les ouvrages tant imprimez que
manuscrits, par Jacques Lelong. A Paris, 1719.
In-fol. veau.

13 Cl.

538 Catalogue manuscrit de la bibliothèque de Monsieur,
au château de Meudon. In-fol. m. r., filets, aux
armes.

25 Cl.

539 Catalogue manuscrit des livres qui composent la
bibliothèque de Madame Elisabeth de France, sœur
du Roy. Versailles, 1783. In-fol. m. r. fil. doubles
de soie, tr. dorée aux armes.

6

539 bis. Le Sacre de Louis XVI. Paris, 1 vol. in-8, fig.
de Moreau.

10.50

540 Éloges historiques de membres des diverses Aca-
démies, mémoires, rapports, etc., lus dans les
séances académiques de l'Institut, de 1790 à 1850.
12 vol. in-4 rel. et br. Cet article sera divisé.

541 Manuel du libraire. Paris, 1820. 4 vol. in 8 rel. Plus Recherches bibliographiques, par le même. 3 vol. in-8 br.

542 Un grand nombre de catalogues de ventes de tableaux, dessins et curiosités, de 1830 à 1850. Cet article sera divisé.

543 Annibal, tragi-comédie par le sieur D. (de Prade). *A Paris*, chez Nicolas et Jean de la Coste. 1649. In-4 vél. En tête, une fig. à l'eau-forte par Bignon.

544 Portraits d'acteurs et d'actrices, publiés dans des journaux : le *Courrier des spectacles, Miroir, Corsaire*, etc. 91 portr. lithographiés.

545 Hamlet, tragédie, imitée de l'anglais par Ducis. Paris, 1808. (Représentée pour la première fois en 1769.)

— Le Roi et la Ligue, opéra comique en 2 actes, de MM. Théaulon et d'Artois. Paris, août 1815. In-8 br.

— Nouveau Seigneur de village, opéra comique en un acte, représenté à l'Opéra-Comique le 29 juin 1815. In-8 br.

— Spectacle de la Cour. — Le Comte Ory. Paris, 1828. In-8.

— La France dramatique au dix-neuvième siècle. Gymnase, les Vieux Péchés. Paris, 1834. In-8 br.

546 Les Métamorphoses de Melpomène et de Thalie, ou Caractères dramatiques des comédies française et italienne. Paris, chez les Campions frères. 1782. Gr. in-8. Fig. Demi-rel. 24 pièces y compris le titre.

547 Specimen de l'Histoire de la peinture italienne, par Rossi. In-fol. Pl. au trait.

548 Catalogue illustré des dessins de Grauville, avec son portrait et une notice biographique. *Paris, 1853*; gr. in-8, fig. sur bois dans le texte.

549 Catalogue des planches gravées, composant le fonds de la Calcographie du musée du Louvre. *Paris, 1851*; gr. in-4, br.

550 Manuel du dessinateur lithographe, par G. Engelman. *Paris, 1822*; in-8, fig.

551 Le Peintre graveur français, par Robert-Dumenil. *Paris, 1835*; 1er et 2e vol. in-8, cart. en un.

552 Catalogue raisonné des différents objets de curiosité dans les sciences et arts qui composaient le cabinet de feu Mariette, par Basan. *Paris, l'Auteur, 1775*; in-8, v. ec. fil., avec les prix.

553 Catalogue de toutes les estampes qui forment l'œuvre de Rembrandt, par le chevalier de Claussin. *Paris, Didot, 1824*; 2 vol. in-8, br.

554 Notice historique sur les tableaux de la galerie de S. A. R. Mgr le duc d'Orléans, par J. Vatout. *Paris, 1825*; 4 vol. in-8, d.-rel.

555 Catalogue des tableaux italiens, flamands, hollandais et français des anciennes écoles, qui composent la magnifique galerie du chevalier Errard. *Paris, 1831*; in-8, avec les prix.

556 Catalogue des tableaux, dessins et gravures, légués au roi Louis-Philippe, par M. Franck Hall Standish. *Paris, 1842*; in-12.

Cette collection qui était au Louvre avant 1848, a été depuis vendue à Londres.

557 Manuel de l'amateur d'estampes, par Ch. Leblanc.
Paris, 1850; les livraisons 1 à 3.

558 Description des objets d'art qui composent le cabinet de feu M. le baron V. Denon. Tableaux, dessins
et miniatures. *Paris*, 1826; in-8, avec prix.

559 Catalogue des tableaux de diverses écoles, composant le cabinet de feu-M. le lieutenant-général comte
Despinoy. *Paris*, 1850; in-8, br.

560 Catalogues des ventes de tableaux de la Galerie
espagnole, du Musée Standish, des Collections Soult,
Patureau, Turenne et Delaroche; avec les prix.

560 bis Ventes d'Estampes : MM. Delasalle, Delessert,
Thorel, etc.; avec les prix.

561 Examen raisonné du Salon de 1814, par Delpech.
Paris, 1814; 11 liv.

561 bis. Vies des peintres, par Vasari; avec des notes,
par Botari; et les portraits des peintres à l'eau-forte,
par Boichot. *Paris, Boiste*, 1803; in-8, d.-rel.

562 Sommaire des principaux fondateurs et réformateurs
des Ordres religieux, avec leurs pourtraicts, par
Louis Beurier. *Paris*, 1635, chez *Van Lochon*, in-8;
fig. gravées par *Van Lochon*. — Vie et miracles de
Catherine de Sienne; in-8.

563 Catalogue de l'œuvre de Nicolas Cochin fils, par
Jombert. *Paris, Prault*, 1770.

564 Sous ce numéro, il sera vendu des livres, brochures
sur les sciences, les arts et la littérature.

ESTAMPES DIVERSES

Par des Graveurs de toutes les écoles.

565 **Anonyme**, d'après Raphaël. La Vierge tient l'enfant Jésus, auquel le petit saint Jean, tenu par sainte Anne, présente un oiseau ; dans le fond, une arcade en ruine et deux des Pyramides. On lit sur une pierre à gauche, R. V. B.

566 Saint Jérome La Cène, d'après Champagne, dans le goût de Morin. 2 p. rares.

567 Thomas Willeboirts Bosschaerts, peintre. *Jean Meyssens excudit.*

568 **Aquila** (Pierre). La Vierge au pistolet, d'après C. Maratte.

569 **Audran** (Gérard). Prédication de saint Paul, la Pentecôte, Jésus donnant les clefs à saint Pierre. 3 p. d'après Raphaël ; le Mariage de la Vierge, d'après N. Poussin, avant la lettre ; l'Ascension, d'après Galloche, par Jean Audran. 5 p.

570 **Augustin Vénitien**. Le cavalier à la porte d'une ville (196) ; Camille (201) ; l'Homme au drapeau (481). 3 p., épreuves avant l'adresse de Salamanque.

571 **Baldini**. L'Enfer du Dante, d'après la peinture d'Orcagna, au Campo Santo, à Pise.

572 **Baron** (Bernard), 1741. Charles 1er et sa famille, d'après le tableau de Van Dyck, au palais de Kensington. Belle épr.

573 **Bartolozzi**. Fac-simile de dessins du Guerchin, 19 p. imprimées au bistre.

574 — La Circoncision, charmante estampe d'après le Guerchin.

575 **Basan** (Carle Vanloo), peintre, par Louis Michel Vanloo.

576 **Bein.** Baltard, architecte, ép. avant la lettre, papier de Chine ; le jeune Joueur de bulle de savon, d'après Mieris, ép. avant toute lettre ; Billet pour la loge du duc d'Orléans, d'après Chenavard.

577 **Bessa** (d'après). Fleurs et fruits coloriés, 11 p. 14 p. imprimées en couleur, sans être retouchées au pinceau.

579 **Bettelini.** *Mater div. sapientiæ*, d'après Titien. Belle épr.

580 **Biard** (Pierre), 1627. Allégorie critique à la peinture. (R. D. n° .)

581 **Blot** (Maurice). L'Espagnol, d'après Grimou. Belle ép.

582 **Boissieu** (Jean-Jacques de). Entrée de forêt, premier état sur papier de Chine. Portrait d'homme, d'après Van Dyck, premier état. Les petits maçons, premier état. Vue du château de Madrid. 4 p. Belles ép.

583 **Bolswert** (Schelte à). Sainte Claire et les docteurs de l'Eglise, d'après Rubens Belle épr. avec l'adresse de Lauwers.

584 — Chasse au Sanglier et Campagne de Flandre. 2 p. d'après Rubens. Belles épr.

585 **Bonasone** (Jules). Suite de figures d'écorchés. Bartsch ne décrit que 13 p. sous les n°ˢ 329 à 341 ; nous en possédons 14, numérotées 1 à 14. Très rare.

586 Noë sortant de l'Arche (4) ; la Résurrection (45) ; le Temps (172) ; premier état non décrit avant le coin du haut à gauche, tronqué ; Education de Jupiter (107), 4 p. Belles épr.

587 **Boquet** (François) 1691. Adam et Eve ; Apollon faisant écorcher le satyre Marsyas. 2 p. d'après Raphaël.

588 **Bresse** (Jean de). Hercule et Anthée, copie en contre-partie avec la date de 1542 ; Christ descendu de la croix, marqué *Bar. Bri.r. Fecit* 65 ; Hercule et Anthée, par un vieux maître anonyme. 4 p. rares.

589 **Callot** (Jacques). Figures variées. 16 p., copies.

590 **Camaïeux**. Six pièces d'après Baroche, Raphaël, Parmesan, le Rosso, Jean de Bologne, etc, gravées par Hugo da Carpi et André Andréani.

591 **Canot**. Le Gâteau des rois. Epr. avant la lettre.

592 **Caraglio** (Jacques). Martyre de saint Pierre et de saint Paul (8), d'après le Parmesan ; l'Enlèvement de Déjanire, d'après Le Rosso. 2 p.

593 **Chatillon** (Charles). Généalogie de la Maison de Savoie, de l'an 1000 à l'an 1490.

594 **Chéron** (Elisabeth). Sainte Cécile, gravé sur le dessin de Raphaël, du cabinet de Pille, premier état. Epr. avant la lettre. Rare.

595 **Cherubin** (Albert). Les trois Grâces, d'après Raphaël ; premier état, avant le priuilége à Urbain VIII.

596 — Urbain VIII (Jean-Baptiste Castanée). 1er état.

597 **Cochin** (Charles-Nicolas). Seroux d'Agincourt ; Thomas Valpole ; Mariette et le comte de Caylus ; ce dernier gravé en manière noire, par Dagoty. 4 pièces.

598 **Darcis**. Le général Bonaparte. Epr. avant la lettre. Rare.

599 **Dauphin** (Olivier). Sujets de la Fable : Triomphe de Bacchus ; Naissance de Vulcain ; Penelope ; d'apr. Boulanger. 3 p. non décrites, par M. Robert Dumenil.

600 **Della Bella**. Le véritable plan et pourtraict de la maison miraculeuse de la Vierge à Notre-Dame de Lorette. 7 p., premières épr., avec une succinte description. Belles épr. avant l'adresse de Mariette. Portrait du grand duc Médicis.

601 Dessins de quelques conduites de troupes, canons, etc. Suite de 12 p. par Della Bella, avant les numéros, à l'exception du n° 4. Dédié à Henri Duplessis.

602 **Demarne**. Scène champêtre. 2 p. à l'eau-fort. Très-belles épr.

603 **Denon** (Vivant). Les lions, d'après Quadal. Belle épr. avec *se vend à Paris, chez Aubourg*, etc.

604 **Desbois** (Martial). Armoirie sur un piédestal, surmontée d'un chapeau de cardinal ; à droite, un enfant qui tient la tiare et les clefs de saint Pierre ; à gauche, un autre enfant tient une croix et un oiseau ; au bas, à droite, *M. Desbois fecit*.

605 **Desplaces** (Louis). L'amour heureux, d'apr. Paul Veronèse. Epr. avant la lettre.

606 — Femme jouant de la guitare, d'après Allou. Belle épr.

607 **Devaux** (R.). Portrait d'Edelinck, d'après Tortebat.

608 **Dieu** (Antoine), peintre. Son adresse au grand monarque, en 1608.

609 **Drevet** (Pierre). Pierre Gillet, d'après Rigaud.

610 **Duvet** (Jean). Sujet de l'Apocalypse (34).

611 **Everdingen** (Albert). Paysages et Animaux. 9 p.
Belles épr.

612 **Felsing** (G). Saint Jean, d'après Cesare da Sesto.
Belle épr.

613 **Fiquet**. Louis XV, rare. Chenevière, Saugrain et
Mignard. 4 portraits beaux d'épr.

614 **Fock** (Harms.). Paysages. 7 p. Vache et moutons,
par Van Os ; Paysages, par J. Glauber, Roghman, etc.
13 p. à l'eau-forte.

615 **Forsell**. Louis XVIII, d'après Augustin. Belle épr.,
papier de Chine.

616 **Frisius** (Joannes Eillardi). Maurice de Nassau.

617 **Galestruzzi** (Jean-Baptiste). La déification de
l'empereur Claude ; Apollon écorchant Marsyas, gravé
au trait ; on lit dans la marge, à droite : *Gio Batta
Galestruzzi fec.* Pièce rare que ne décrit pas Bartsch.

618 **Gelée dit le Lorrain** (Claude). La Tempête et
Mercure et Argus. 2 p. anciennes. Epr. avec toute
leur marge.

619 — L'enlèvement d'Europe. Belle épr.

620 **Giffart** (P). Charles-Joseph de Ligne, sénéchal du
Hainaut, et Marianne de Sousa.

621 **Girard**. La princesse Marie, d'après Ary Scheffer.

622 **Goltzius** (Henri). Justus Lipse et une pièce en
camaïeu (237).

623 **Haeften** (Nicolas Van). Paysan faisant une décla-
ration à une cuisinière. Belle épr. rognée du bas.

624 **Hollar**. Perspective de la ville de Londres et de
Westminster, prise du palais Lambeth. Grande est.
de 4 feuilles. Rare.

625 **Hooghe** (Romyn de). Sujet de l'histoire de Hollande. Belle épr.

626 **Houbraken** (Jean). George lord Digby, earl of Bristol, d'après Van Dyck. Belle épr.

627 **Hugues Sambin**. Deux Termes. (N°ˢ de M. Robert Dumenil). Rare.

628 **I. E.** *fecit*. Calvaire, d'après Giovanni Fatoure. Saint Pierre et saint Philippe, gravé en bois, d'après Stella. 3 p.

629 **Igonnet** (Marie-Magdeleine). L'Enfance chimiste, d'après Jeaurat.

630 **Inconnu**. Deux panneaux d'ornements.

631 **Ingres** (d'après M.). Dupaty, statuaire ; le comte de Forbin ; Bartholini ; de Norvins ; sainte Cécile, etc ; les deux têtes de Ptolémée. 6 p.

632 **Iode** (Pierre de). Corneille Pœlenbourch, d'après Van Dyck, premier état, avant le nom du graveur et avec l'adresse de M. Van den Eden.

633 **Jordaens** (Jacques). Les Vendeurs chassés du Temple ; Descente de Croix et Jupiter et Io. 3 p. à l'eau-forte.

634 **Joulain**. La nymphe Erigone ; Jeux d'enfants. 2 p.

635 **Janinet**. Costumes Louis XVI. Pièce coloriée.

636 **Joyant**. Vue de Venise. Pièce à l'eau-forte.

637 **Larmessin** (N. de), 1662. Arnauld, évêque d'Angers et de Toul, d'après Mignard.

638 — Portrait de Raphaël et son Maître d'armes, d'après Raphaël.

639 Dom Robert Morel, religieux bénédictin, d'après Restout.

640 **Lasne** (Michel). Christ mort et la Madeleine. Belle
ép. avec les armes de France, sur un rocher, à
droite, et avec une dédicace à Louis XIII. Belle
pièce du maître.

641 **Leeu** (William de). La mort de la Madeleine, d'après
Rubens. Belle épr.

642 **Lempereur**. Marguerite Lecomte, d'après H. Wa-
telet. Belle épr.

643 **Leonard Gaultier**. Le Jugement dernier, d'ap.
Michel-Ange. Sans l'adresse de Mariette.

644 — Louis XIII en prière ; la Vierge, l'Enfant Jésus et
sainte Anne. 2 p. Belles épr.

645 **Lignon** (Frédéric). La mort de Mademoiselle, d'ap.
Desenne ; les Femmes savantes, d'après H. Vernet.
2 p. avant la lettre.

646 **Lombart** (Pierre). Suite de douze portraits, d'apr.
Van Dyck, dite les Comtes et comtesses. Belles épr.

647 **Londonio** (François). Scènes champêtres. 5 p.
Belles épr. avant les numéros, deux avant le nom,
et une sur papier bleu et rehaussé de blanc.

648 **Lutma** (Jean). Son portrait et celui de Tacite. 2 p.
Très-belles épr.

649 **Lucas de Leyde**. Baptême de saint Jean. Belle
épr.

650 **Maheux** (J.), graveur en manière. Saint Jérôme,
d'après Ribera. *A Paris, chez Audran.* Rare.

651 **Massard** (R. Urbain). Homère, d'après Gérard.
Epr. avant la lettre. Marcus Sextus, d'après Guérin,
et les Sabines, d'après David. 3 p.

652 **Marc-Antoine**. La petite vendange. Epr. avant
l'adresse de Salamanque.

653 — La Cassolette (489). Copie A.

654 — Abraham et les Anges ; Jésus chez le Pharisien ;
Descente de Croix ; les Grimpeurs, etc. 6 p. Copies
de Marc-Antoine,

655 — Joseph racontant ses songes à ses frères (B. 5) ;
le Frappement du Rocher ; Jugement dernier ; Vierge
et Enfant Jésus, par Reverdinus, 1754, non décrit ;
et autres sujets par des anonymes. 12 p. Belles épr.

656 **Marc de Ravenne**. Saint Pierre, d'apr. Raphaël.
Belle épr.

657 **Mellan** (Claude). Maria Vanni, peintre. Sainct
Bonnet de Toiras, maréchal de France. Deux épr.,
une avant la retouche et l'adresse de Daret.

658 **Meyssens** (Jean). Méléagre et Atalante, d'après
Rubens. Très-belle épr. avec *excudit* à la suite du
nom de Meyssens.

659 **Morin** (Jean). Christyn, d'après Van Dyck ; sain
Charles-Boromée, d'après Champagne ; Louis XIII,
d'après Champagne.

660 **Muller** (Jean-Gothard), 1776. Louis Leramberg,
sculpteur, d'après S. Belle. Belle épr. -

661 **Nanteuil** (Robert). Les Évangélistes, d'après Lesueur. Jolie petite pièce.

662 — Jean-Baptiste Colbert, d'après Champagne. Très
belle épr.

663 — Pierre Poncet. Belle épreuve du premier état.

664 — **Orléans** (Antoine-Philippe d'). Deux vues à
Benham, lithographiées par ce prince, en 1806. Rare.

665 **Panneels** (Guillaume). Adoration des Rois, Ste
Famille ; Assomption de la Vierge. 3 p. d'après P.-P.
Rubens. Belles épr.

10,50   666 **Parmesan** (François Mazzuoli, dit le). Nᵒˢ 3, 4, 12 et 18 ; et copie non décrite du nᵒ 46 du Guide, d'après le Christ au tombeau, du Parmesan. 5 p.

1.25   667 **Ponce**. L'Innocence sous la garde de la Fidélité, d'après Bounieu. Epr. avant la lettre.

2.25   668 **Pontius** (Paul). Nicolas Rockos, consul d'Anvers, d'après Rubens. Très-belle épr. avec les lettres G. H.

16   669 **Prud'hon** (d'après P.-P.). L'Apothéose de Racine ; la Liberté et le Triomphe de Trajan. 3 p. On y a joint une notice sur ce maître, par Quatremère de Quinci.

2.75   670 **P. V. H.** Chiens et lévriers. 2 p. à l'eau-forte.

1   671 **Quellinus** (Erasme). Le Jugement de Salomon, d'après Artur Quelinus. Pièce à l'eau-forte.

5.   672 **Reguesson.** Portrait de.....? d'après Champagne.

1.   673 **Rembrandt** (Paul Van Rhyn, dit). Portrait d'Asselin, peintre ; ancienne épreuve, où on a ajouté à la plume, le chevalet, avec un tableau dessus.

1.50 Cl.   674 **Ridinger** (Jean-Elie). Cerf et Biche, et le portrait de l'auteur, gravé en manière noire, par J.-J. Ridinger fils, en 1767.

103. Cl.   675 **Roger** (J.-B.). Marie-Antoinette, représentée en pied dans le costume qu'elle portait à l'ouverture des Etats-Généraux, en 1789 ; gravé d'après le tableau de Roslin le Suédois. Belle épr. avant la lettre.

3.50   676 **Romanet** (A). Dame Julie de Villeneuve de Ste-Vence de St-Vincent, petite-fille de Mᵐᵉ de Sévigné ; Sébastien Royllet. 2 portraits.

   677 **Salvador Carmona**. Le Négligé galant, d'après Ch. Coypel, du cabinet du comte de Vence.

1.50   678 **Saint-Aubin**. Buffon, épr. avant la lettre.

679 **Schiavone** (André). Panneaux d'ornements, n°s 28
et 31 de Bartsch ; premier état non décrit avant le
sujet dans le Cartouche. Autre panneau non décrit ;
un terme sépare les deux cartouches, qui sont blancs.
On voit sept enfants dans la bordure.

680 **Swanewelt** (Hermann). Diuerses veuës dedans et
dehors de Rome, 1653. Suite de 13 pièces. Belles
épr. du premier état avec *excudit*. Collection Standisch.

681 — Vues des murs de Rome. 2 p. Premier état avec
excudit.

682 **Suyderhoeff** (Jonas). Ivresse de Silène, d'après
Rubens. Très-belle épr. Collection Debois.

683 **Tardieu** (Alexandre) Christine, reine de Suède,
avant la lettre et la bordure. Henri IV, belle épr.
avant l'adresse de Renouard.

684 **Tiepolo** (Jean-Baptiste). *Vari Capricci...*, 1785, etc.
Suite de dix pièces à l'eau-forte, et le titre. St-Jean
prêchant dans le désert ; cette dernière pièce gravée
par Dominique Tiepolo fils, d'après son père.

685 **Uden** (Lucas Van). L'Abreuvoir ; Paysage, d'après
Rubens. F. Van den Wingaerde excudit.

686 **Valdor** (Jean). Thomas Moore. Rare.

687 **Waterloo** (Antoine). Grands paysages, en hauteur ;
deux avec épisode de la fable. 4 p. Belles et anciennes
épr. sur papier à la folie.

688 **Vertue** (George), 1742. Charles Ier et Henriette de
France, d'après le tableau peint en 1634, par Van
Dyck, au palais de Sommerset. Belle épr. Rare.

689 **Vico** (Enée). Tarquin et Lucrèce, d'après Parmesan.
Premier état avec les deux chiens.

690 **Vieux Maîtres anonymes**. Saint Jérome.

691 **Visscher** (Corneille). Les Brigands, d'après Pierre
de Laer. Belle épr. avant la lettre.

692 **Vouillemont**. Romæ, 1641. Le Massacre des Innocents, d'après Raphaël.

693 **Ecole Italienne**. Le Charlatan, par Diana Mantuan; premier état. Combat naval, par Beatricet; le Phénix, Priape, par le maître au Dé; l'Amour, par Jules Sanuti, 5 p.

694 — Vierge, d'après Van Dyck, épr. avant la lettre; portrait de Bartolozzi, graveur, d'après Reynolds; la comtesse Hamilton, d'après Aug. Kauffmann; la Dormeuse, d'après Amorosi. 4 p. par Bartolozzi, Ruotte, etc.

695 — Le Massacre des Innocents, gravé en bois, d'apr. Raphaël.

696 — Le Jugement dernier, d'après Michel-Ange. Trois différentes épr. et une copie par Michel Luchese.

697 — Ste Famille, d'après le Baroche; les Prisonniers, d'après Jules Romain; Hercule, les trois Parques, etc. 5 p. par C. Cort, Villamena, Bossius Belga. Belles épr.

698 — Neuf pièces gravées par Ballester, Gandolfi, Wagner, Watson, Longhi, Winstanley, Zanetti, etc.

699 — *Madonna Laura; La Flora di Tiziano.* 2 p. grav. par Palmerini et Rivera. Belles épr.

700 — Fac-simile de dessins de Cimabué, Perugin, Raphaël, etc. 20 p.

701 — Fac-simile de dessins de grands maîtres italiens. 26 p. gravées par Mulinari et autres.

702 **Eaux-fortes italiennes** par Biscaïno, Bartoli, Bayeu, Bisi, Mitelli, Rotari, Schiaminosi, etc. 15 p. Belles épr.

703 — Ulysse Aldobrandini, par Valesio, non décrit; l'Eventail, par Aug. Carrache, belle épr.; Vierge et Enfant Jésus, par Jérome Impériale, etc. 7 p.

704 — Par An. Carrache, Nasinus, C. Maratte, etc. 7 p.

705 — Par Palme jeune, Burani, Carlone, etc. 6 p.

706 — Paysages à l'eau-forte, par le Bolognèse, Migliara, Rheinhart, etc. 10 p.

707 **Ecole Allemande**, Altorfer, Bois, etc. 6 p.

708 **Ecole Allemande moderne**. Six pièces par Keller, Overberck et autres.

709 **Ecole Allemande, Flamande et Hollandaise**. Paysages à l'eau-forte, par Hagedorn ; Paysages d'après Ruisdaël, par Primavesi ; Marché de Munich, par Quaglio. 5 p.

710 — Huit pièces, d'après Ostade, Metzu, Breughel, etc. ; et deux pièces, manière noire.

711 — Vierge et enfant Jésus et saint Jean, d'après C. Schut ; et deux pièces allégoriques dans le goût de ce maître. Epr. avant toute lettre.

712 — Charles-Quint, pièce gravée à la manière noire, d'apr. le tableau de Van Dyck, qui est à la galerie de Florence. Epr. avant la lettre.

713 — Cinq pièces à l'eau-forte, par Bega, Brauwer et autres.

714 — La Nativité ; Couronnement de la Vierge ; Saint Ignace. 3 p. par J. Sadeler, J. Matham, etc.

715 **Ecole Française**. Sujets divers par et d'après Brebiette, Leclerc, Collignon, Mauperché, Garnier, Valentin Lefebvre. 9 p.

716 — Cinq pièces par Wœriot, Delaulne, Jean Toutin, etc.

717 — Sujets divers par Desplaces, Hutin, Huët, Huquier, Leprince, etc. 11 p.

718 — Sept pièces par Chauveau, Moyreau, Rousselet, Sauvé, Poilly, etc.

719 — Huit pièces par Perelle, Haussard, F. Horteinch, Lucas. Armoiries par Martial, Desbois, Duvivier, Tardieu.

720 — Quatre pièces par Dughet, Barbé, A. Depienne et autres.

721 — Sept pièces à l'eau-forte, par Roettiers, Taraval, Pierron, Duplessis-Bertaux et Sueback.

— Sept pièces par et d'après Dupont, Fleury, Charlet, Gros, Langlois, etc.

722 — Costumes suisses coloriés. 12 p. dans un porte-feuille.

723 — Huit vignettes par et d'après Moreau le jeune et Louis Moreau, Schaal et autres.

724 — Vues du Tyrol, gravées à l'eau-forte, par M. Mercey.

725 **Portraits**. Largillière, d'après ce maître, par F. Chereau, 1715 ; Rigaud, par Drevet ; Jouvenet, d'apr. lui-même, par Trouvain. 3 p.

726 — Maximilien - Emmanuel de Bavière, Palatin du Rhin, d'après Vivien. Belle épr.

727 — Édouard VI, roi d'Angleterre ; Macarius, évêque d'Anvers ; et cinq autres portraits par Lucas Kilian, Verschuppen, Collin, L. Visscher, etc.

728 — Charles d'Hozier, généalogiste du Roy, d'après Rigaud ; Tête de la statue équestre de Pierre-le-Grand, gravée par Henriquez ; Palladio, épr. avant la lettre, 3 p.

729 — Gerardi, comédien italien, épr. avant la lettre ; de Cisternay, du Fay, par Drevet ; Cooper, comte de Shastesbury, par Gribelin ; Pierre Jardina, par Vallet. 4 portraits.

730 — Portrait de Boutry, par N. Cochin, le Flûteur, par Duvivier (R. D.), n° 6 ; le Café, par Franconville, etc. Fragment du martyre de saint Laurent, de Marc-Antoine, marqué du chiffre B. R., 1537. (Robert Dumenil, pag. 10, vol. VIII.

731 Sous ce numéro, il sera vendu des livres, brochures sur les sciences et arts, et la littérature.

RENOU et MAUDE, imprimeurs de la Compagnie des Commissaires-Priseurs, 144, rue de Rivoli.   8529